rowohlts
monographien
herausgegeben
von
Kurt Kusenberg

Erasmus von Rotterdam

in Selbstzeugnissen
und Bilddokumenten
dargestellt von
Anton J. Gail

Rowohlt

Dieser Band wurde eigens für «rowohlts monographien» geschrieben
Den Anhang besorgte der Autor
Herausgeber: Kurt und Beate Kusenberg
Assistenz: Erika Ahlers
Schlußredaktion: K. A. Eberle
Umschlagentwurf: Werner Rebhuhn
Vorderseite: Erasmus im Rund. Miniatur von Hans Holbein d. J.
um 1532 (Öffentliche Kunstsammlung, Basel)
Rückseite: Erasmus im Gehäus. Titelblatt zur Gesamtausgabe der Werke
des Erasmus. Holzschnitt von Hans Holbein d. J., 1540 (Rowohlt Archiv)

Veröffentlicht im Rowohlt Taschenbuch Verlag GmbH,
Reinbek bei Hamburg, Juli 1974
Copyright © 1974 by Rowohlt Taschenbuch Verlag GmbH,
Reinbek bei Hamburg
Alle Rechte an dieser Ausgabe vorbehalten
Gesetzt aus der Linotype-Aldus-Buchschrift
und der Palatino (D. Stempel AG)
Gesamtherstellung Clausen & Bose, Leck
Printed in Germany
680-ISBN 3 499 50214 3

1.–13. Tausend   Juli 1974
14.–16. Tausend   Februar 1979
17.–19. Tausend   Juni 1981

Inhalt

Quinten Massys, Bildnis des. Erasmus von Rotterdam. Gemälde, 1517.
Galleria Nationale d'arte antica, Rom

Erbe der Devotio Moderna

Renaissance und Humanismus haben Europa wesentlich zu dem gemacht, was es ist, vor sich selbst und im Urteil der Welt. So markant nämlich die italienische Erbschaft sein mag in dem, was wir als Renaissance und Humanismus begreifen: europäisch ist ihr Profil, weil der Norden kaum weniger beteiligt an ihrer Entwicklung war als der Süden. Burgundische Kultur, niederländische Devotio moderna, das England der Tudorzeit haben Züge eingebracht in ihr Bild, die über die ästhetische und nationale Selbstgenügsamkeit hinauswiesen. Das ist der Unterschied: während Italien eine renascentia literarum auslöste, eine Neubegründung künstlerischen Schaffens, in paganer Unbeschwertheit, strebte man im Norden danach, antike Philosophie und Geist des Evangeliums zu vereinigen. Dies war hier eine Lebensfrage, die weit über gelehrtes Bemühen hinaus zielte. Antike war für die Erben der Devotio, die Schüler der Brüder vom Gemeinsamen Leben, nicht nur Ausblick in neue literarische Dimensionen, sondern eine Herausforderung an ihre schlichte, bibelnahe Frömmigkeit. In dem Maße aber, wie ihre Frömmigkeit auf tätige Bewährung gerichtet war, trat der Reiz der antikischen Persönlichkeitskultur zurück hinter die soziale Verantwortung.

Die nordische Szenerie ist deshalb «eine Renaissance in b-moll»[1]*, weil sie nämlich in der Wurzel schon zu sozialem Ernst verurteilt wird. Diesen Unterschied hatte Jacob Burckhardt schon vermerkt, als er die «radikale Bitterkeit» eines Agrippa von Nettesheim mit der zahmen Kritik Machiavellis konfrontierte und sie «wesentlich der nordischen Geistesgärung»[2] zuschrieb.

Während die Erstgeborenen Roms Bildung und Kunst zu einem Fest, zu einem reinen Decorum stilisierten, machten die Erben der Devotio, ernst damit. Sie begannen mit der renascentia evangelii und blieben dabei, daß eine renascentia literarum eine Gewissenssache sein müsse vor dem Forum des Evangeliums. Es war die Essenz dessen, was Thomas a Kempis gelehrt und was Nikolaus von Kues, den Schüler der Brüder vom Gemeinsamen Leben, früh beunruhigt hatte.

So wie das Leben und Wirken sind auch schon Herkunft und Geburt des Erasmus von der Ungewißheit alles Menschlichen überschattet. Weder der genaue Tag noch das Jahr seiner Geburt sind eindeutig festgestellt. Wahrscheinlich ist er am 27. oder 28. Oktober 1469 geboren.[3] Rotterdam ist wohl seine Geburtsstadt, auf jeden Fall ist er Holländer und sind auch seine Eltern Holländer. Doch gerade diese Eltern bringen zugleich die ärgste Verwirrung und Belastung für das Leben des Erasmus: der Vater Gerhard, von den Eltern für den geistlichen Beruf bestimmt, lernte die Tochter eines Arztes kennen und lieben, floh vor dem Zorn der eigenen Eltern nach Italien und ließ seine Geliebte schwanger zurück. Aus diesem Verhältnis ging Erasmus hervor, mit dem für seine Zeit erheblichen Makel der Unehelichkeit behaftet. Dieser Makel versperrte ihm eine weltliche, aber auch eine geistliche Laufbahn. Untergetaucht hinter den Mauern eines Klosters, konnte man jedoch nach den Vorstellungen der

---

* Die hochgestellten Ziffern verweisen auf die Anmerkungen S. 141 f.

Zeit den Makel tilgen. Damit aber war für Erasmus schon mit der Geburt eine Entscheidung gefallen, die ihn mit dem (religiösen) Konventionszwang konfrontierte. Sein Taufname war sicher Erasmus, seit 1496 nannte er sich selbst dazu noch Desiderius. Die volle Form Desiderius Erasmus Roterodamus erscheint zum erstenmal 1506. Seine Schulbildung genoß er in Gouda und dann in Deventer auf der Schule der Brüder vom Gemeinsamen Leben.

Einen durchaus kräftigen Hauch des Brüder-Geistes mag Erasmus auf der Schule zu Deventer verspürt haben. Mehr noch erfaßte ihn hier schon der Geist der «sapiens et eloquens pietas». Er kam dort in Berührung mit Rudolf Agricola, mit Alexander Hegius und Wessel Gansfort, das heißt er wurde sowohl von der biblisch orientierten innerlichen Auffassung der Frömmigkeit als auch von dem vor allem durch Alexander Hegius und Rudolf Agricola gepflegten Geist der Antike berührt.

Der umfassend gebildete und weltgewandte Agricola mag dem Erasmus sehr imponiert haben. Immerhin hatte diese Begegnung mit der Welt der Brüder so viel Eindruck hinterlassen, daß er nach dem frühen

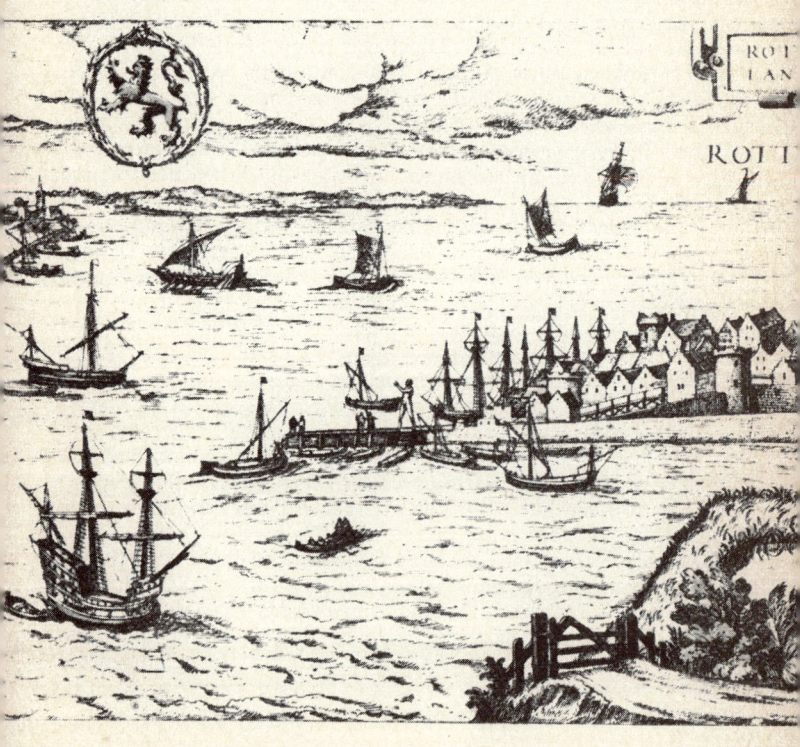

Tod seiner Mutter und des Vaters wenn auch unter Zwang mit einiger Erwartung im Augustinerkloster Steyn bei Gouda Mönch wurde.

So wie sich in den Schulen der Brüder vom Gemeinsamen Leben neue, innerlich und persönlich gerichtete Frömmigkeit doch allgemach mit dem Interesse für die litterae verband, so drang dieser Geist auch in die von den Schulen der Brüder mit Nachwuchs versorgten Klöster ein. Erasmus hat später bei seinem jahrzehntelangen Bemühen um Dispens-Entbindung von den Mönchsgelübden seine Anfänge gern Grau in Grau geschildert [4] – wohl um die durch Geburtsmakel und Konformitätsdruck bewirkte generelle Zwangssituation nachdrücklicher als persönliche vorzustellen. Er war in der damaligen Gesellschaft ein Diskriminierter und hat sicher auch schon früh diese Diskriminierung sehr unmittelbar und schmerzlich erfahren. Das erklärt jedenfalls unter anderem die bis in sein hohes Alter andauernde Furcht vor Verfolgung und die zeitweilig peinliche Sorge um seinen Ruf gegen Verleumdung und Herabsetzung.

Im Kloster fand er eine Atmosphäre, die ganz sicher nicht so bil-

Rotterdam, 1616

dungsfeindlich und barbarisch war, wie er später gelegentlich glauben machen will. Sicher sind in dieses härtere Urteil manche nachträglichen Beobachtungen und Erfahrungen im Umgang mit Mönchen eingeflossen.

Die erhaltenen Briefe aus seiner Klosterzeit hellen das Bild seiner unmutigen Rückschau wesentlich auf; in erster Linie der Briefwechsel mit seinen Freunden und Ordensbrüdern Wilhelm Hermann, Cornelius Gerard und Servatius Roger. Die Briefe aus dieser Zeit zeigen Erasmus als Schüler einer *éducation sentimentale*, er erscheint uns als ein seelenvoller Jüngling, dessen empfindsame Brieferzeugnisse angelegentliche Werbung um Freundschaft verraten. Nun ist der meisterhafte Briefschreiber immer auch ein teilnehmender Freund gewesen und hat Freundschaften ebenfalls bis in sein hohes Alter gepflegt, und «Stilübungen», wie man wohl gemeint hat, sind diese sentimentalen Jugendbriefe sicher nicht gewesen; vielmehr macht er hier eine Erfahrung und entwickelt aus ihr eine Kunst, die für den umworbenen Briefpartner späterer Jahrzehnte charakteristisch wurde. Während seiner Pariser Zeit begann er eine Abhandlung *De conscribendis epistolis* (*Über das Briefschreiben*) zu konzipieren, die 1498 fast fertig war, aber erst 1522 gedruckt wurde. In dieser Anweisung für das Briefschreiben bekennt er sich zu jener Technik, deren Anfänge in den Freundesbriefen der Steyner Zeit zu beobachten sind: Briefe müssen Ausdruck der Situation und der Stimmung sein, sie müssen die Gelegenheit, die Umstände jenes Augenblicks spiegeln und verdienen um so mehr Aufmerksamkeit und Anerkennung, je klarer das in ihnen geschieht. Sie müssen durch die Persönlichkeit und Situation des Adressaten nicht weniger geprägt sein als durch die des Absenders und seiner Einstellung zum Adressaten. So waren jene Freundesbriefe aus der Steyner Zeit, und so sind sie viel weniger «Stilübungen» als erster wichtiger Erfahrungsgewinn des großen Epistolographen. Zwar waren die frühen Briefe unbestreitbar Dokumente einer «schönen Seele», aber daß Briefe Dokumente sein müssen und nicht Ergüsse, daß sie eine Situation transparent zu machen haben, das ist diese ebenso selbstkritisch wie positiv resümierend gewonnene Erfahrung des Publizisten Erasmus.

Fraglos hat seine spontane Offenherzigkeit vor allem gegenüber Servatius Roger weniger Widerhall als Befremden hervorgerufen. Daß er späterhin seinen Freunden und Bekannten, vor allem aber Außenstehenden oft verschlossen und unzugänglich vorkam, hat in dieser Erfahrung auch seinen Grund, konnte ihn aber nicht dazu verleiten, seinen Briefen hinfort das Situative und Persönliche vorzuenthalten. Sie sind auch in Zukunft *documents humains* geblieben, und gerade das hat sie für die Erasmus-Forschung psychologisch so ergiebig und verführerisch zugleich gemacht.

Es lag nahe, daß der junge Mönch sich alsbald auch literarisch mit seiner Situation beschäftigte. Eine Abhandlung *De contemptu mundi* (*Über die Weltverachtung*) enthielt beiderlei Erwägungen, einmal, was für das Leben im Kloster spräche, dann aber auch, was dagegen einzuwenden wäre. Es kann keine Rede davon sein, daß Erasmus seine Bedenken erst später hinzugesetzt habe. Entweder handelt es sich um ein li-

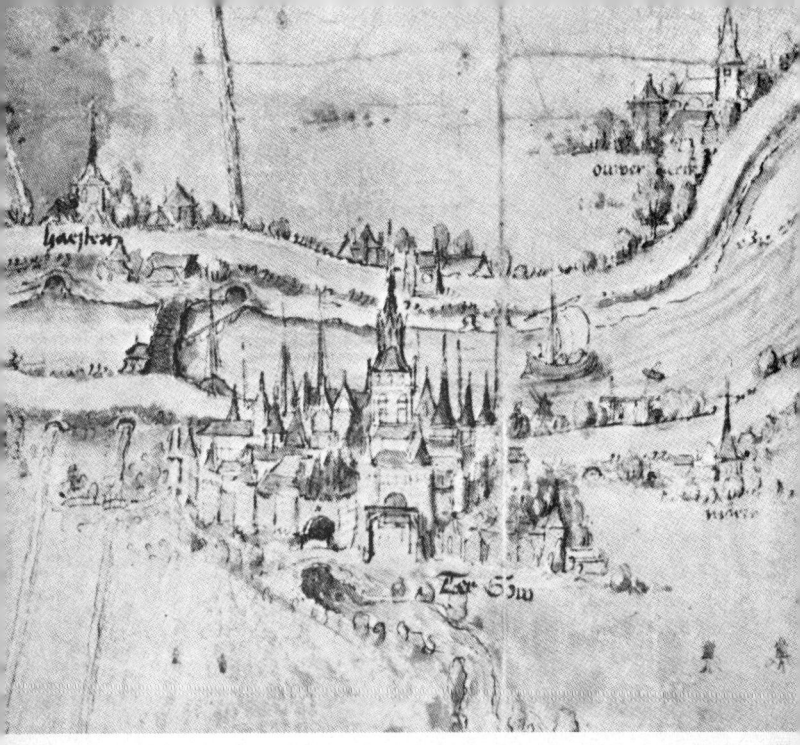

Kloster Steyn bei Gouda. Lavierte Federzeichnung,
1. Hälfte des 16. Jahrhunderts

terarisches Experiment, das sich in der Form des Suasoriums und des Dissuasoriums im Argumentieren versucht, oder aber, was durchaus näherliegt, die auch im späteren Schaffen immer wieder, besonders in den Colloquia, zu beobachtende differenzierende Betrachtungsweise enthüllt sich durchaus schon an diesem Gegenstand. Nur wer um keinen Preis Kontinuität im Denken und Schaffen des Erasmus wahrhaben will, rekurriert auf den Ausweg «spätere Zusätze».

Für diese so oft bestrittene Kontinuität spricht aber sehr nachdrücklich ein anderer Gegenstand, mit dem sich Erasmus in Steyn sehr einläßlich beschäftigt, das heißt die Art, w i e er sich mit diesem Gegenstand beschäftigt, enthüllt Vorstellungen und Denkprinzipien, die uns fortan in seinem Schaffen immer wieder, wenn auch in immer neuen Abwandlungen, begegnen werden.

Je intensiver sich nämlich Erasmus noch im Kloster mit antiken Texten beschäftigte, um so greifbarer wurde ihm die Verwandtschaft zwischen dem Geist der Bibel und der Gestalt Christi einerseits und dem Geist antiker Philosophie und Morallehre andererseits. Solche Beschäftigung genoß keine besondere Wertschätzung bei den Autoritäten klösterlichen Lebens und offizieller Theologie, ja sie wurde im allgemeinen als mißliche Ablenkung von biederer Mönchsfrömmigkeit betrachtet. Selbst die Devotio moderna hatte in ihrem grundsätzlichen Quietismus auch einen Zug zur Bildungsferne. Das sah Erasmus sehr früh und nicht zuletzt die Diskrepanz zwischen «devoter» Theorie und Praxis, zwischen der Forderung nach erleuchteter Frömmigkeit und tatsächlicher Bigotterie. Die Frucht solcher Beobachtungen und Überlegungen waren die *Antibarbari*, an denen er bald nach 1490 zu arbeiten begann [5] (die aber unvollendet erst 1520 in Druck gegeben wurden). In ihnen wird er erstmalig der «autor cum renascentium literarum tum redeuntis pietatis», wie seine Freunde ihn bald genannt haben.

Die Verlegenheit über die unerleuchtete Frömmigkeit ringsum, nicht zuletzt in seiner klösterlichen Umgebung, war immer größer geworden, je mehr er sich in die antike Literatur vertiefte. Daß Frömmigkeit «sapiens atque eloquens» sein müsse, wie es Johannes Sturm formuliert hat, wenn sie überhaupt den Namen Frömmigkeit verdiene, das wurde ihm jetzt offenbar. Der Feind dieser Forderung aber waren die Barbaren, also nicht primär die Ungebildeten, sondern die in vermeintlicher christlicher Frömmigkeit oder Vollkommenheit der Bildung gegenüber Gleichgültigen. Es ist dies die erste Phase in seiner lebenslangen Auseinandersetzung mit der Barbarei. In Paris dämmerte ihm dann die Erkenntnis, daß die Barbarei nicht minder festeingewurzelt auf den Kathedern der Wissenschaft saß, wo in lebensferner Begriffsklauberei der Geist verödete. In Basel, nach Ausbruch der Reformation dort, mußte er eine andere Erscheinungsform der Barbarei kennenlernen, den bildungsfeindlichen Radikalismus und Rigorismus der Sektierer. In Italien sollte er schließlich Einblick gewinnen in die barbarische Gesinnung der sogenannten Humanisten, die in Wirklichkeit mit ihrem dürren Klassizismus das Leben so gut (und so schlecht) wie das Christentum verpaßten – gar nicht davon zu reden, daß mit der Barbarei der Mönche und dem Quietismus auch der barbarische «Judaismus» einer total veräußerlichten Frömmigkeit sich breitmachte.

In diesen *Antibarbari* erscheinen caritas (Liebe) und scientia (Wissenschaft) schon in wechselseitiger Abhängigkeit, ebenso humanitas und libertas, und das heißt, daß eine unerleuchtete Liebe ebenso gefährlich wie ein rücksichtsloser Freiheitsdrang chaotisch ist. Weder kann die (Nächsten-)Liebe wirksam werden ohne Einsicht noch eine Freiheit begehrenswert, die auf Kosten der Menschlichkeit geht. Erst gründliche Bildung macht die Liebe hellsichtig, wie erst wahre Menschlichkeit auch zu angemessener Wahrnehmung der Freiheit befähigt. Dies sind schon die Grundlagen.

Die Einsicht in die Zusammenhänge von eruditio, libertas und sensus communis umreißt die Ausgangsposition sowohl für die Bildungstheorie wie für die Frömmigkeits- und Gesellschaftslehre des Erasmus. Der starke soziale Einschlag in diesen Grundüberlegungen setzt Horizonte für eine publizistische Wirksamkeit. Was für die Unfruchtbarkeit einer unerleuchteten Liebe in der Frömmigkeit gilt, hat seine Auswirkungen in der Erziehung wie in der mitmenschlichen Begegnung bis in die Politik, wo eine kühle noch so «sozial» agierende Staatsräson ebenso degoutant wie ein pathetisches Brüderlichkeitspathos ohne Einsicht blind ist. Schließlich mußte Erasmus von solcher Ausgangsstellung her dem Fanatismus religiöser Freiheitsapostel ebenso mißtrauen wie der unverbindlichen Humanitätsrhetorik schöngeistiger Hofpoeten. In den *Antibarbari* hat Erasmus Positionslichter für eine Bildungs- und Frömmigkeitslehre gesetzt, die in der Humanitas a priori schon den sozialen Bezug beider mitbedachte.

Der publizistische Feldzug gegen eine Barbarei, die so differenziert gesehen war, hatte im Kloster keinen Wirkraum. Dort konnten, so wie die Situation war, nicht einmal Antike und Bibel in jene freie Beziehung gesetzt werden, die den sich Bildenden erst wirklich frei machen würde.

Lehrjahre des Publizisten

Als dem Erasmus die Enge und Engstirnigkeit des Klosterlebens beschwerlich wurde, als er sich über die Barbarei des Quietismus Gedanken machte, hatte er die Klostermauern nicht nur geistig schon hinter sich gelassen. Gönner, Pfründen mußte man haben, wollte man zu jener Zeit als Kind geringer Eltern oder gar dunkler Herkunft (wie Erasmus) an die Futterkrippen wissenschaftlicher Ausbildung gelangen.

Den Erasmus hat unwürdige Abhängigkeit von der Gunst Wohlhabender und Hochgestellter immer verdrossen. Die eigene bittere Erfahrung seiner Anfänge hat ihn später wiederholt veranlaßt, dem Staat die Sorge für die Bildungsmöglichkeiten a l l e r, besonders der Kinder wirtschaftlich Schwacher, aufzuerlegen. Von der Kirche aber erwartete und forderte er, daß sie ihren Reichtum gerade auch dazu nutzbar mache.

Er selbst war als hervorragender Kenner des Lateinischen und gewandter Stilist über den Gesichtskreis seines Klosters hinaus bekanntgeworden, und seine Klosterbrüder empfanden es als Auszeichnung, dem Bischof von Cambrai, Heinrich von Bergen, auf seine Bitte gerade Erasmus als Sekretär zur Verfügung stellen zu können. Aber damit war dieser keineswegs der Bindung an das Kloster entronnen. Immerhin hatte er die Hoffnung, bei aller Abhängigkeit von der Gunst und Gnade eines launischen geistlichen Herrn doch vielleicht in seinem Geleit das ersehnte Italien einmal kennenzulernen. Die Enttäuschung war um so größer, als die Bemühungen des Bischofs um den Kardinalshut aussichtslos und eine Reise nach Rom überflüssig wurde.

Inzwischen hatte Erasmus in Bergen in der Person des Schulleiters und späteren Stadtschreibers Jacob Batt einen zuverlässigen Freund und Gönner gewonnen. Durch ihn kam er in Kontakt mit der wohlhabenden Anna Borsselen van Veere, die ihn nachhaltig förderte. Batt gehört auch zu den Hauptfiguren seines dialogisch aufgelockerten Essays *Antibarbari*. In der Form, wie das Werk hier begonnen wurde, enthielt es weniger direkte Polemik gegen Askese, Devotio und Mönchtum als die 1520 in Druck gegebene Fassung. Der Hauptangriff richtete sich expressis verbis gegen die sprachverhunzende Wirkung der Scholastik. Schon hier wird, wenn auch verdeckt, erkennbar, daß Erasmus der Sprache eine

Ansicht von Paris. Wandteppich, um 1530. Beauvais, Kathedrale

konstitutive Bedeutung für die Menschlichkeit im wörtlichen Sinne bei-
mißt. Wo die Sprache unentwickelt oder vernachlässigt ist, wo sie über-
laden oder verdorrt ist, ist auch der Mensch mit entsprechenden Frag-
würdigkeiten und Unzulänglichkeiten belastet.

Es lag nahe, daß für einen jungen Menschen mit so entschiedenem
Bildungsbedürfnis und hochentwickeltem Sprachgefühl die langweilige
Routinetätigkeit eines Sekretärs im Zentrum höfischen Klatsches und
Tratsches – Heinrich von Bergen war seit 1493 Kanzler des Ordens vom
Goldenen Vlies, damit der höchste Würdenträger des burgundischen
Hofes und mit vielen diplomatischen Aufträgen betraut – reizlos sein
mußte, erst recht nachdem die Reise nach Italien ad kalendas graecas
vertagt war. Sein Freund Jacob Batt vermittelte beim Bischof, und so

konnte Erasmus ab Herbst 1495 in Paris mit Unterstützung des Bischofs Theologie studieren.

Bei der Arbeit an den *Antibarbari* hatten seine Vorstellungen festere Umrisse angenommen. Er wußte, was er wollte, als er nach Paris ging, und war nicht nur dem Kloster, sondern auch der Vormundschaft der Kirche geistig entwachsen: *Wer die Zinnen des Himmels erstürmen will,* hieß es in den *Antibarbari, erregt Mißfallen bei Gott, aber wer Stufe um Stufe hinaufsteigt, wird nicht verworfen werden.* Und: *Wir müssen den Prometheus nachahmen, der für seine lehmgebildete Plastik das Leben von den Sternen herabzuholen wagte, allerdings erst, nachdem er alles versucht hatte, was menschliche Kunstfertigkeit vermag. Begnügen wir uns nicht mit dem Rohstoff und hoffen, daß der Geist uns im Schlaf alles Übrige bescheren werde?*[6] Hinter diesen Aussagen steht der zielstrebige Arbeiter der Wissenschaft, der von dem Warten auf Erleuchtung wenig, von der beharrlichen Anstrengung alles hält. Würden die emsigen Mühlen des scholastischen Wissenschaftsbetriebes der Sorbonne aus ihm einen musterhaften Theologen, einen betriebsamen «Magister Noster» (wie es in den «Dunkelmännerbriefen» heißt) machen?

Noch von den Niederlanden aus hatte Erasmus in Briefen und Bewerbungsschreiben wortreich und mit dick aufgetragenen Lobsprüchen nach Geldgebern für sein weiteres Studium gefahndet. Man hat ihm das vorgeworfen, aber *es sollen nicht die wohlbestallten Ordinarien oder, die im Genuß von dicken Forschungsgeldern sind, heute den ersten Stein werfen*[7]. Wie recht er hatte mit diesen Bemühungen, sollte sich bald schon in Paris zeigen: die bischöflichen Unterstützungsgelder flossen spärlicher, und er geriet in bittere Not. Es kam noch hinzu, daß er, der schon früh einen gepflegten Lebensstil schätzengelernt hatte (z. B. im Hause Batts in Bergen) und den Schmutz in jeder Form haßte, in Paris arg unter Grobheit und Unsauberkeit zu leiden hatte. Wie Calvin und Ignatius von Loyola, wie Rabelais und Montaigne wohnte er im Collège Montaigu. Dorthin hatte ihn sein Bischof vermittelt, und dieses Haus hatte sein reformeifriger Leiter Standonck zu einer wahren Drillanstalt für Theologen und Mönche gemacht. Askese wurde dort groß geschrieben und diesem rigoristisch gehandhabten Prinzip alles untergeordnet. An vielen Stellen seiner Briefe und Schriften, besonders in dem Colloquium *Fischgericht*, hat Erasmus die Hausordnung und den Schmutz des Collège Montaigu in grellen, vielleicht in der Erinnerung sogar ein wenig zu grellen Farben geschildert. Seine Gesundheit nahm Schaden, wohl kaum allerdings fürs ganze Leben, wie er später gemeint hat.

Er mußte vorübergehend Paris verlassen, nahm aber nach einem Erholungsaufenthalt in Bergen und einem Besuch in seinem Kloster die Studien wieder auf.

In Paris hatte er Verbindung mit Robert Gaguin, einem Ordensmann und Diplomaten. Dieser Robert Gaguin war es auch, der ihn einlud, zu seinem chauvinistischen Werk «De origine et gestis Francorum Compendium» 1495 eine Art Nachwort zu schreiben. Es war die erste Veröffentlichung aus der Feder des Erasmus, und sie bewies, wie selbständig er seine Urteilsfreiheit selbst gegenüber Gönnern wahren wollte. Während Gaguin als ein wahrer Britenfresser das militärische Lob seiner Nation in allen Tonarten sang, schrieb Erasmus (seinem Freund ins Stammbuch): *Die Alten pflegten ihren Vorfahren, die entweder eine Herrschaft errichtet, den Staat vermehrt oder andere Verdienste um den Staat erworben hatten, göttliche Ehren zu erweisen, sie durch Inschrifttafeln aus Erz zu ehren und ihnen goldene Statuen zu widmen. Es ist aber weit verdienstlicher, den Ruhm der Vorfahren von Sonnenaufgang bis Sonnenuntergang zu verbreiten als die Grenzen des Landes auszudehnen. Es ist weniger verdienstlich Mauern aus Stein und städtische Gebäude gegen Feuersbrunst zu schützen als den Ruhm der besten Könige und Bürger vor neidischer Vergessenheit (so nennt es nämlich Horaz) bewahrt und dem Untergang entrissen zu haben. Es scheint mir nicht weniger hervorragend, das Vaterland mit erstklassigen Literaturdenkmälern gestärkt, bereichert und geziert zu haben, als es mit Beutestücken, Kriegstrophäen, Ahnenbildern und ähnlichem Zierat ausstaffiert zu haben. Keinerlei Tafeln, keine Ahnenbilder, keine Medaillen, keine Statuen und keine Pyramiden sprechen klarer für den Ruhm der Könige und bewahren ihn zuverlässiger als das literarische Werk eines gebildeten Menschen.*[8] Das war bei aller sonst wortreich geübten Enkomiastik für Gaguin dennoch Öl auf die Wogen seiner nationalistischen Aufwallung. Wer selbstgerecht (aus heutiger Sicht) Anstoß nimmt an den panegyrischen Tönen des jungen Erasmus, darf seine frühwache Polemik und die Dokumente seiner Unabhängigkeit nicht unterschlagen.

In Paris endlich begegnete Erasmus jenem Medium, das s e i n e Welt werden und das er erst zu voller Wirkung bringen sollte: dem Buchdruck. Während die scholastische Theologie, wie sie in Paris traktiert wurde, mit all ihrem Formalismus, ihrem Autoritätsglauben und ihrem Systemzwang ihn bedrückte, eröffnete ihm der Buchdruck eine zweifache Perspektive: einmal die originalen Dokumente des Glaubens und des Wissens zugänglich und dem Leser verständlich zu machen und dann diese Tätigkeit zum Aufbau einer unabhängigen Existenz nutzen zu können; denn die Gelder aus Cambrai blieben allmählich aus, seit er sich mit Standoncks Collège Montaigu und mit dem geistlichen Vorstand einer neuen Unterkunft überworfen hatte.

Der Meister des Briefes begann über die Kunst des Briefschreibens zu meditieren, er machte sich an eine Folge von Gesprächen, die zugleich Lehrbuch des Sprechens und des Verhaltens, Sprachbuch und Morallehre, werden sollten, und er begann «Adagia» zu sammeln, Sprichwörter und Aussprüche, zumeist aus dem antiken Schrifttum, die ihm von vornherein als Kernstellen und Anlässe zur Zeitkritik denk-würdig erschienen. Was er schreibt und studiert, steht in einem engen Zusammenhang mit dem, was er zu tun gezwungen ist: er übt als Broterwerb eine Art Tutorentätigkeit aus, macht den Bärenführer in der hohen Schule der Bildung für die jeunesse dorée. Da gibt es beispielsweise zwei Brüder Heinrich und Christian Northoff aus Lübeck und die Engländer Thomas Grey und Robert Fisher, die er unterrichtet. Solche Tätigkeit veranlaßt ihn notwendig zum Nachdenken über das pädagogische Geschäft, über die Methode des Studiums nicht weniger als über die Formung des Verhaltens im Sinne einer kultivierten Menschlichkeit.

Auch das gehört schon mit zum Bild dieses jungen Schriftstellers und Privatlehrers: er war kein Eigenbrötler und hatte einen wachen Sinn für menschliche Kontakte aller Art und für geselliges Miteinander. Unbekümmert um die kleinlichen Neider und üble Nachreden genoß er in einer erstaunlichen Freiheit, die er sich selbst nahm, die Freuden einer anspruchsvollen, geisterfüllten Geselligkeit. Seinem Freund Batt gesteht er rundheraus, er könne *wegen eines gewissen wissenschaftlichen Rufes einfach nicht knauserig leben*[9]. Er war und wurde ein Mann mit hochentwickeltem Sinn für Freundschaften: *Ich bin so veranlagt, daß ich mich sehr gern dazu verleiten lasse, freundschaftliche Bindungen einzugehen.*[10] Solche Bindungen ging er auch manchmal da ein, wo die Freude an der Gewandtheit und weltoffenen Beweglichkeit des anderen vorherrschte, wo weniger geistige Kongenialität als Aussicht auf Beziehungen mit einflußreichen und wohlhabenden Mäzenen im Spiel war. Wiederum: wer will ihm ankreiden, was in der totalen Ungesichertheit des Schriftstellers damals weitaus verständlicher ist als im Zeitalter der Kunstpreise und fetten Honorare.

Außer dem schon genannten Robert Gaguin zählte zu diesen Freunden Johannes Mauburn, dann vor allem der italienische Literatur-Playboy Fausto Andrelini – bei Erasmus konnte der Charme eines Menschen manchmal gut und gern eine Menge Laster entschuldigen[11] – und vor allem der junge William Blount, der spätere Lord Mountjoy.

Der um zehn Jahre jüngere Engländer verband weltmännisches, gewinnendes Auftreten mit Geist und Bildung, besaß also in jungen Jahren schon, was Erasmus sich auf einem mühsamen und entsagungsreichen Weg erworben hat. Es ist bemerkenswert, daß er, dessen Leben und Schaffen nach seinem eigenen Wort fast zu allen Zeiten eine *herkulische Anstrengung*[12] gewesen ist, Charme und Eleganz dort zu schätzen wußte, wo sie fast schwerelos gewachsen erscheinen. Er machte sich selbst nicht zum Maßstab und wirkte doch auch gerade durch das auf seine Umgebung, was e r mühsam erworben hatte: durch eine humane Weltoffenheit und Gewandtheit. Kein Wunder, daß die Ausbildung dieser Fähigkeiten in seinen Vorstellungen von der Erziehung des Menschen fortan eine bedeutende Rolle spielt.

Überlieferung und Zeitkritik

An den *Adagia* ist Erasmus zum Publizisten gereift. Was auf einer bunten Palette von zunächst 800 Aussprüchen aus antiken Autoren und aus der Bibel zusammengetragen war, präsentierte heidnische und christliche Lebensweisheit in nuce.

Während die Experten auf ihren Codices, ihren esoterischen Editionen und Kommentaren antiker Autoren sitzenblieben, war hier die Antike mundgerecht gemacht für ein sehr viel breiteres Publikum von Gebildeten und Bildungsbedürftigen. So betonte er es in dem Adagium *Herculei labores*, das weitgehend eine Selbstdarstellung des Autors und eine Abrechnung mit den einfallslosen exklusiven Nachbetern der Antike geworden ist: *Ich hätte mir aus diesem so großen Vorrat zwei oder dreihundert* (Adagia) *aussuchen und die ganze Kraft meines Geistes darauf verwenden können, sie herauszuputzen, ansehnlicher zu machen und zu stilisieren, wobei ich sicher nicht weniger Arbeit aufgewandt, aber eine viel reichere Ernte an Ruhm eingebracht hätte. Das wäre dann allerdings mein Privatvergnügen und kein Geschäft zum allgemeinen Nutzen der Studierenden. Ich bin aber überzeugt, daß man, um das literarische Leben zu erneuern, den Geist eines Herkules bewähren muß, das heißt man darf sich um keinen Preis von der Sorge um den öffentlichen Nutzen abbringen oder darin müde machen lassen. Doch genug davon! Ich fürchte allmählich, daß es eine herkulische Last sein mag, diesen weitschweifigen Sermon zu lesen, zu dem uns das Adagium über die Mühen des Herkules verleitet hat.*[13]

Weil seine Arbeit an den *Adagia* auf eine zeitkritische Auseinandersetzung mit der Antike (und vor allem mit ihren kritiklosen Enkomiasten) zielte, wurden die *Adagia* von Auflage zu Auflage nicht nur zahlreicher, sondern auch gehaltvoller und brisanter in den immer einläßlicheren Auslegungen. *Wenn man irgendwelchen Menschen im Hinblick auf ihre Arbeiten nachsagen kann, daß sie herkulische Lasten auf sich nehmen, dann trifft das offensichtlich bei denen zu, die sich um die Wiederherstellung der antiken Literatur in ihrer Reinheit bemühen.* So schrieb er in diesem Adagium. Daß er das Bild des Herkules für den Publizisten in Anspruch nahm und, entgegen dem Zeitgebrauch, nicht für den Politiker, erläutert seine hohe Meinung von der Rolle des Publizisten sowohl wie sein Mißtrauen gegenüber den Politikern.

Nachdem er das Werk abgerundet und ausgebaut hat, rechtfertigt er seine Einstellung 1516 in einem Brief an den französischen Klassizisten Guillaume Budé, den Gründer des Collège de France und Lehrer Calvins. Dieser hatte an dem publizistischen Wirken des Erasmus, an seinen Flugschriften und Veröffentlichungen für ein breites Publikum Anstoß genommen und hätte ihn lieber emsig bei tiefschürfender Gelehrten- und Editionsarbeit gesehen. Erasmus kann sich Ironie nicht versagen: *Mir liegt nun einmal viel daran, über spielerische Themen dieser Art zu philosophieren ... Ich schreibe nicht für* (Perfekte wie) *Persius und Laelius, sondern für Unvollkommene und etwas Schwerfällige.*[14]

Viele Adagia sind bestechende Zeugnisse sowohl für diese polemische Tendenz wie auch für die Fähigkeit des Erasmus zur Selbsterfahrung und Selbstironie. Mit Fleiß hat er in dem Adagium *Herculei labores* Konfessionen und Abrechnung mit den von ihm selbst geweckten Aggressionen versteckt. Die allüberall von Ausgabe zu Ausgabe reichhaltiger eingestreuten Angriffe auf die kirchliche und weltliche Hierarchie waren mit einer immer noch vollendeteren Technik des literarischen Versteckspiels und beziehungsreicher Andeutungen, der Ironie und des Sarkasmus getarnt. Sie machen deutlich, daß der Autor kein Blatt vor den Mund nehmen will und doch seine Haut nicht leichtfertig zu Markte tragen kann. Umschreibungen, Verallgemeinerungen, Projektionen in die Vergangenheit, die Technik des angeblichen Verhütens für die Zukunft und des möglichen und wünschenswerten Irrtums (*Ich möchte wünschen, es wäre unwahr, daß ...*)[15] – dies alles macht

.In noie ſcrē trinitaris

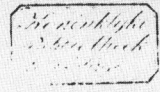

Erstausgabe der «Adagia». Paris 1500

das stilistisch so äußerst schillernde und reizvolle Gewand der Adagia aus. In dem mit Sticheleien gegen Theologen und Literatenprätention reichlich durchsetzten Adagium *Sileni Alkibiadis* bringt er diese
Kunst zu hoher Vollendung.

So werden gerade die *Adagia* eine Dokumentation für die Radikalität des Autors in der Sache (der renascentia) und für seine Beweglichkeit in der Aussage. Doch eben diese Beweglichkeit, das Aufgebot von Rollenspiel und Umschreibung, von polemischer Selbstironie
und grotesk übertreibender Akklamation spricht für die äußerst ge-

fahrvolle Situation des Erasmus, dem jedes Mittel recht sein mußte, um sein Leben wie seine Freiheit zu schützen und doch zu sagen, was gesagt werden mußte.

Gerade deshalb durfte es den Verfasser nicht wundern, daß seine Sottisen die Angegriffenen aufbrachten. Es konnte und sollte ja nicht verborgen bleiben, daß dieser ansehnliche Band (von schließlich 5251 Adagia) nur auf seiner Schauseite die stupende Fleißarbeit eines gelehrten Sammlers und Kenners antiker Autoren war. Auf ihrer Kehrseite enthüllten sich die hinterhältigen Dicta als scharfe Waffen gegen ungeläuterte Autoritätengläubigkeit.[16]

Die Geprellten und «Geschädigten» schonten den Erasmus nicht, kaum daß die ersten Invektiven bekanntgeworden waren. So wurden denn neue Adagien in erweiterten Ausgaben zugleich Sprachrohre für die Auseinandersetzung mit diesen Gegnern: *Ein jedes Adagium hat seinen eigenen Sinn, und es gibt gewisse Adagien, bei deren Auslegung ich mir unbeholfen und spröde vorkomme. Man glaubt nämlich, es sei etwas überaus Großartiges geleistet, wenn man einen Gegenstand endlos in die Länge zieht. Leuten dieses Schlages zum Trotz wollte ich bei aller Mühe, die ich mir tatsächlich gegeben habe, doch ziemlich knapp sein. Dabei hätte es mir nicht an Stoff zur Ausweitung gemangelt, wenn ich lieber weitschweifig als dem Leser nützlich gewesen wäre ... Der Gegenstand hier* (das ist das Adagium *Scarabaeus aquilam quaerit*) *erinnert aber daran, daß man keinen noch so unscheinbaren Gegner verachten sollte. Es gibt nämlich kümmerliche und böswillige Zeitgenossen, namenlos, unbedeutend und widerwärtig wie die Mistkäfer, die keinem Menschen den geringsten Gefallen tun wollen. Ja sie machen gerade hervorragenden Männern mit Fleiß Schwierigkeiten, schockieren das Publikum mit abschätziger Kritik, machen bei jeder Gelegenheit Protestlärm, richten mit übler Nachrede Verwirrung an, mischen sich in alles und hemmen und hintertreiben alles. Da mag es behaglicher sein, sich mit angesehenen Autoren auseinanderzusetzen, als diese Skarabäen zu reizen. Man würde sich sogar eines Sieges über sie schämen müssen, ganz abgesehen davon, daß man sie nicht los wird. Außerdem kommt man nie ungeschoren davon, wenn man sich mit ihnen einläßt.*[17]

Er wurde sie nicht «los», sein Leben lang nicht, und wollte sie auch gar nicht loswerden. Das Temperament des Publizisten und Zeitkritikers verlangte nach diesem seinem juste milieu, so sehr er auch manchmal in Freundesbriefen nach einer Stille und Unangefochtenheit ruft, die ihm im Grunde seines Wesens nicht gemäß war. Wie anders hätte er sonst sich selbst und das Geschäft des Publizisten so unter dem Bild der *Mühen des Herkules* begreifen können: *Den Menschen widerfährt es oft, daß sie für hervorragende Verdienste ärgsten Neid und schlimmstes Ungemach ernten. Wenn man irgendwelche Anstrengungen herkulisch nennen muß, dann doch vor allem die Mühen um die Wiederherstellung der Denkmäler antiker Literatur in ihrer ursprünglichen Reinheit. Wer das nämlich unternimmt, mutet sich angesichts der unabsehbaren Tücken des Unterfangens unüberbietbare Schwierigkeiten zu und hat dazu noch mit dem geballten Neid der Öffentlichkeit zu rechnen. Was ins Auge fällt, also vor allem die Neuheit, erregt nicht nur bei den Ba-*

ERASMI ROTERODAMI ADAGIORVM
CHILIADES TRES, AC CENTV-
RIAE FERE TOTIDEM.

ALD·STVDIOSIS·S·

Quia nihil aliud cupio,q̄ prodeſſe uobis Studioſi. Cum ueniſſet in manus meas Eraſmi R oteroda-
mi, hominis undecunq̃ doctiss. hoc adagiorũ opus eruditum. uarium. plenũ bonæ frugis,
& quod poſſit uel cum ipſa antiquitate certare, intermiſſis antiquis autorib. quos pa-
raueram excudendos, illud curauimus imprimendum, rati profuturum uobis
& multitudine ipſa adagiorũ, quæ ex plurimis autorib. tam latinis, quàm
græcis ſtudioſe collegit ſummis certe laborib. ſummis uigiliis, &
multis locis apud utriuſq̃ linguæ autores obiter uel correctis
acute, uel expoſitis erudite. Docet præterea quot modis
ex hiſce adagiis capere utilitatem liceat, puta quē-
admodum ad uarios uſus accōmodari poſ-
ſint. Adde, qđ circiter decē millia uer-
ſuum ex Homero Euripide, & cæ
teris Græcis eodē metro in
hoc opere fideliter, &
docte tralata ha
bētur, præ
ter plu
rima
ex Pla
tone, De-
moſthene, & id
genus ali
is. An
autem uerus ſim,
ἰδϋῦ ῥόδϋς, ἰδϋῦ καὶ τὸ πήδημα·
Nam, quod dicitur, αὐτὸς αὐτὸν αὐλ̃ε͂·

Præponitur hiſce adagiis duplex index. Alter ſecundum literas
alphabeti noſtri. nam quæ græca ſunt, latina quoq̃
habentur. Alter per capita rerum.

«Adagia». Venedig 1508, bei Aldus Manutius

nausen, sondern gerade auch bei den Gebildeten Unbehagen. Nie sind wir undankbarer, neidischer, engherziger und kleinlicher, als wenn wir die Anstrengungen derjenigen anerkennen sollen, denen man nach meiner Ansicht niemals geziemend genug danken kann. Die Dummen denken gar nicht daran, Halbgebildete lachen darüber, die Gelehrten aber sind, mit wenigen rühmlichen Ausnahmen, neidisch, nörgeln umständlich herum, beachten das Richtige nicht, halten aber peinlich genau fest, wo der Autor hier oder da zufällig einmal geirrt hat; das allein behalten sie – aber, bitte, wer irrt nicht irgendwo einmal? Da hast du nun deinen wundervollen Lohn für so viele und so lange durchwachte Nächte, für all den Schweiß und so viele Beschwerlichkeiten. Versage dir, was das Leben an Vergnügungen bietet, vernachlässige deine privaten Verhältnisse, nimm keine Rücksicht auf dein Aussehen, dein Schlafbedürfnis und deine Gesundheit. Überanstrenge deine Augen rücksichtslos, mach dir nichts aus Schäden an Leib und Leben, zieh dir nur Haß und Neid der Menge zu, damit du schließlich als Entgelt für all die durchwachten Nächte verdienst, daß man die Nase über dich rümpft. Bitte, wen sollte es nicht abschrecken, sich solchen Mühen zu unterziehen, wenn man eben nicht durch und durch einen herkulischen Sinn hätte, das heißt, daß man wie Herkules bereit ist, im Interesse anderer alles zu unternehmen und alles zu gewärtigen. Diese Überlegung beschäftigte mich ziemlich stark, um die Wahrheit zu sagen, und mitten in den Anstrengungen, die mir dieses Werk verursachte, überfiel mich eine Art Müdigkeit, als ich mir nämlich klarmachte, wie man dem Ruf der Männer, die unsere Zeit gesehen hat, noch eine geraume Zeit nach ihrem Tode mitgespielt hat, wie gerade die, die ihnen, wie man so sagt, nicht einmal das Nachtgeschirr hinhalten dürften, ihnen ohne jede Ehrfurcht begegnen, wie Halbgebildete an ihnen ihr Mütchen kühlen, und wie spärlich selbst jene Gebildeten sind, die sich zu einer freimütigen und herzhaften Anerkennung durchringen können. Der eine hat hier etwas auszusetzen, der andere nimmt dort Anstoß und wieder ein anderer lobt bis zum Überdruß, so daß er besser daran getan hätte, zu tadeln. Es urteilt ja tatsächlich niemand ungerechter als Halbgebildete, die die Gelehrsamkeit eines anderen an der eigenen messen und für tadelnswert halten, was sie selbst nicht gelernt haben, oder die Gebildeten, die sich auf diesem Gebiet noch gar nicht versucht haben. Denn nach dem griechischen Sprichwort bilden sie sich ihre Meinung über die Achäer von der Mauer aus (Homer Il. 21, 556), und während sie selbst am sicheren Ufer stehen, kritisieren sie die gefahrvolle Kunst des Steuermannes. Hätten sie selbst einen Versuch gemacht, hätten sie weniger genörgelt und mit mehr Verständnis gelesen, was andere verfaßt haben! Wenn ich so sehe, was den hochberühmten Geistesfürsten oder -heroen widerfährt, mache ich mir keine falschen Vorstellungen darüber, was ich selbst möglicherweise zu gewärtigen habe, wo meine Werke doch im Vergleich mit ihren nur mittelmäßig oder offen gestanden bedeutungslos sind, zumal in einer literarischen Gattung, in die man viel mehr Arbeit hineinstecken muß, als jemand vermuten würde, der sich nie daran versucht hat.[18]

In den *Adagia* steckt tatsächlich auch eine immense philologische

Leistung, sowohl im Aufspüren und Zusammentragen wie dann besonders in der Textsicherung, nicht zuletzt auch in der Übersetzung (aus
dem Griechischen in das Lateinische). Erasmus hat hier prüfend und
vergleichend die Kunst des Zitierens entwickelt, so daß man diesem
Werk eine besondere Stellung in der Geschichte des Zitierens zubilli-
gen muß. Hier beginnt allerdings über die rein philologische hinaus
schon die antiquarische und literarhistorische Leistung, die der Entstehung und Geschichte des jeweiligen Sprichworts gilt.

Das alles macht aber, auch wohl im Sinne des Erasmus, nicht die eigentliche Leistung aus. Die setzt erst ein, wo Erasmus vor dem Hintergrund dieses Sprichworts oder jener Wendung sein zeitkritisches Feuerwerk abbrennt: *Wie oft schweife ich in den Adagia in die Bereiche der
Philosophen und Theologen aus und lasse mich, die Aufgabe fast verges-
send, weiter wegreißen, als geziemend ist!* [19]

Hier beginnt ja auch gerade das, was er unterkühlend in dem Adagium
Herculei labores als den Mangel solcher Editionsarbeit beklagt. Dort und
in dem Brief an Budé [20] meint er, daß solche Arbeit gerade deshalb ent-
sagungsvoll sei, weil sie für eigentlich schöpferische Tätigkeit keinen
Raum lasse. Die Art aber nun, wie er gerade in seinen zeitkritischen
Kommentaren mit einer vollendeten Kunst des Finassierens und der dif-
ferenzierten Selbstanalyse (und Selbstironie) Ordnungen in Frage stellt,
die sich fälschlich für endgültig geben, und Wahrheiten unter das Volk
bringt, die man nicht hören will, stellt eine schöpferische Leistung von
unvergleichbarer Neuartigkeit dar. Sie macht etwas so ganz anderes aus
diesem Werk als jene bare Sammlung von Lesefrüchten, als die sie Erasmus seinen Lesern hinterhältig verkaufen will.

Indem Erasmus Kommentare schreibt, die Selbsterfahrung und Selbstanalyse einerseits und die Zeiterfahrung und Zeitkritik andererseits mischen und so die Zeit ebenso rational kritisch wie subjektiv durchmes-
sen, entsteht das, was man später den Essay genannt hat. Alle jene Vor-
züge, die man den Prosastücken des Michel de Montaigne nachsagt, sind
hier schon durchaus vorhanden und vollendet durchgestaltet. Wir haben
es hier tatsächlich mit der Geburt des Essays zu tun. [21]

Wie bei dem wesentlich jüngeren Michel de Montaigne entwickelt sich
der Essay als zeitkritischer und persönlicher Rechenschaftsbericht, als
eine apologia pro vita sua am Medium der Antike. Auf diesem Hintergrund entfaltet Erasmus seine Individualität, die autores werden ihm zur
Folie der Selbstverwirklichung. Das ist für ihn «Humanismus», also die
persönliche Menschwerdung mit Hilfe der antiken (und christlichen) autores. Was dem Menschen im Spätmittelalter nur mangelhaft gelingt
und was die meisten romanischen Humanisten in ihrer totalen Bewunderung und Imitatio der Antike nicht oder nur mangelhaft begriffen haben, das wird dem Erasmus am Material der antiken Literatur offenbar:
daß er sich als Mensch nun individuell abzuheben vermag. «Herkulisch»
und «prometheisch» zugleich ist diese Individualisierung, und deshalb ist
sie «humanistisch». Die *Adagia* sind «herkulische Mühen», wie auf dem
Scheibenriß Holbeins zu sehen ist, weil hier die antike Überlieferung
zum Katalysator der Gegenwart und des eigenen Selbst wird (nicht zu
ihrem Richtmaß), weil die Fruchtbarkeit für die Selbstverwirklichung

und die Gegenwartsmächtigkeit entscheidet, wieweit die Antike dann Anspruch hat, gehört zu werden.

Dennoch würde man ihn mißverstehen, und das macht wahrscheinlich den Unterschied zu Michel de Montaigne aus: Selbstverwirklichung in der Zeit ist nicht das Letzte für ihn. Von der Arbeit des Schriftstellers erwartet er «öffentlichen Nutzen». Der Publizist Erasmus ist sich einer Verantwortung bewußt, die über die Kultur des Selbst hinausgeht: *Ich freue mich, daß Du über meine Gelegenheitsschriften mit mir einer Meinung bist . . . Ich meine sogar, daß man das, was Du von der «Copia», von der Lukian-Übersetzung und von der Cato-Ausgabe sagst, genauso auf alles übrige ausdehnen müsse. Wenn nämlich auch die Adagia einen umfangreichen Band ausmachen, dann muß man sich doch fragen, ob es nach seinem Sujet etwas Anspruchsloseres geben kann . . . Trotzdem meine ich mich mit dem Gegenstand so beschäftigt zu haben, daß ich meine Vorgänger auf diesem Gebiet, und von ihnen gibt es monumentale Hinterlassenschaften, übertroffen habe. Schließlich, welche Arbeit kann in der Theologie unscheinbarer sein als was wir beim Neuen Testament unternommen haben? Ein weit ansehnlicherer Stoff hätte uns weniger Nachtwachen gekostet. Aber was willst Du machen, wenn ich nun einmal für solchen Kleinkram geboren bin? Ich meine aber, daß ich keinen Tadel dafür verdiene, daß ich Sujets dieser Art aufgreife, vielmehr sollte man mich dafür loben, weil ich mich an die Vorschrift des Horaz – «was die Schultern verweigern, was sie zu tragen vermögen» («Ars Poetica» 39/40) – gehalten und das vermieden habe, was ich nicht übernehmen kann. Wahrscheinlich muß man Dir nachsehen, daß Du, blind vor maßloser Zuneigung für mich, mir Sachen zutraust, denen ich nicht gewachsen bin. Umgekehrt gebührt mir sogar Lob dafür, daß ich mich mit meinem eigenen Maß messe, in meinen Grenzen bleibe und mir bewußt bin, wie bescheiden mein Hausrat ist.*

Die Stelle ist eine einzige Ironie, die sich sowohl gegen Budé wie gegen das ganze Aufgebot der «strengen Wissenschaft» wendet, die sowohl Lebensferne als auch Hochstapelei der Wissenschaft kennzeichnet, und das alles, indem der Autor die Kritik jener «magistri nostri» lächerlich vergrößernd herausstreicht: *Du meinst, es sei Gefahr, daß ich mit der Veröffentlichung so vieler Broschüren meinen Ruf gefährde? Das kümmert mich nicht einen Deut. Wenn mir auch diese meine Gelegenheitsschriften mehr an Bekanntheit als an Ruhm eingebracht haben, ich würde mit völlig unbeschwertem Sinn gern darauf verzichten, wenn es darauf ankäme. Dem einen machen diese, dem anderen jene Beschäftigungen Freude, und jeder bewährt sich auf einem anderen Gebiet; schließlich haben nicht alle dasselbe Talent. Ich habe nun einmal eine ausgesprochene Vorliebe für diese Art Philosophie der Nichtigkeiten; ich sehe darin auch weniger Nichtswürdigkeit und etwas mehr Nutzen als in jenen nach der Meinung ihrer Autoren anspruchsvollen Sujets. Wer schließlich nur darauf bedacht ist, zu nützen und nicht sich ins Rampenlicht zu bringen, dem macht es nichts aus, mit welch ansehnlichen oder auch nur nützlichen Gegenständen er es zu tun hat. Ich habe keinerlei Scheu vor noch verächtlicheren Gegenständen als jenem von Dir so ganz und gar verachteten Catönchen* (der bescheidenen Cato-Ausgabe von

*Michel Eyquem
de Montaigne.
Anonymes Gemälde.
Schloß Montaigne*

1514). *Es kommt mir lediglich darauf an, daß ich mir davon einen Gewinn für die Bildung verspreche. Ich schreibe so etwas ja nicht für Autoren wie Persius und Laelius, sondern für Anfänger und kaum erst Gebildete.*[22]

Die Nachwelt hat die Wirkung dieser *Adagia* auf unterschiedliche Art erfahren. Ihren Nutzen hat sie weitgehend nur da wahrgenommen, wo sie Fundgrube und Nachschlagewerk waren. Sonst hat man sie bald purgiert, das heißt man hat sie um ihre gefährliche, gedankliche Fracht «erleichtert». Sogar die gegen Erasmus sehr mißtrauischen Jünger des Ignatius von Loyola haben ihn auf lange Zeit als Schulautor passieren lassen, soweit er «Antiquaria» bot. Noch Goethe kannte die *Adagia* und machte seinen Freund Schiller angelegentlich auf dieses hilfreiche Nachschlagewerk aufmerksam.

Lebendiger wirkte die Sammlung nach im Sprichwortschatz der verschiedenen Volkssprachen. Bis heute gibt es nicht wenige Redensarten, die durch Erasmus' *Adagia* in den Volkssprachen heimisch geworden sind.[23]

Innerhalb von 33 Jahren, die er von 1500 bis 1533 der ständigen Erweiterung und Verbesserung der *Adagia* widmete, waren Paris, Venedig und Basel die wichtigsten Stationen, und überall war es immer auch die Aufgeschlossenheit der Drucker (von Jodocus Badius in Paris über Aldus Manutius in Venedig bis zu Johannes Froben in Basel), die dem Publizisten seine Arbeit möglich machte. Die *Adagia* sind eine Fracht geworden, mit der das Medium Buchdruck seine Breitenwirkung exemplarisch vorführte. Mit den *Adagia* und verwandten Werken durchbricht Erasmus die esoterische Abschließung des Humanismus. Was bis dahin Monopol war, wird nun einem erheblich breiteren Kreis zugänglich, bis Erasmus dann im *Ciceronianus* auch theoretisch jenes Monopol auflöst. Der Erfolg der *Adagia* hat den Autor später zu ähnlichen Sammlungen veranlaßt (*Parabolae* 1514; 1531 als eine politische Erziehungshilfe für den jungen Herzog Wilhelm von Jülich-Kleve die *Apophthegmata*; außerdem 1512 *De duplici copia verborum ac rerum* und 1522 *De conscribendis epistolis*, die beiden letzteren in der Anlage etwas abweichend lehrbucharchtig), mit denen er bewußt und ausdrücklich (nach seinem eigenen Sprachgebrauch im Widmungsbrief der *Parabolae* an Peter Gilles) Bildungsstoffe «vulgarisiert».

Verheißung von Humanität und Bildung

Der junge englische Aristokrat, Lord Mountjoy, den er in Paris kennengelernt hatte, brachte seinen Mentor Erasmus 1499 nach England. England trat damit zunächst an die Stelle des sehnlich gewünschten Italien und ist für Erasmus mehr Wahlheimat geworden als irgendein anderes Land; er hat insgesamt vierzehn Jahre seines Lebens mit kurzen oder auch längeren Unterbrechungen in England verbracht. Was Tausende musenbeflissene Nordeuropäer zu Bildungsreisen nach Italien bewog, das trieb den Mann aus Rotterdam immer wieder über den Kanal. Alle oft beklagten Beschwerlichkeiten der Seereisen, alle Unfreundlichkeiten und peniblen Devisenkontrollen und -beschränkungen durch die Zöllner, die Witterung und die gelegentlichen Merkwürdigkeiten der Bewohner haben ihm die Freude an old merry England nicht vergällt.

Was er auf Grund so langer Kenntnis von England hält, hat er viele Jahre nachdem er von England Abschied genommen hatte seinem Famulus und Freund Nikolaus Cannius am 29. Mai 1527 mit auf die Reise geschrieben: *Wenn Du Holland wiedersiehst, halte Dich nicht zu lange dort auf. Was lockt Dich dort schon anderes als etliche Trinkgelage, die weder zu Dir passen noch Deiner Gesundheit bekommen? Es ist schon etwas anderes, jenes Britannien zu sehen, das durch Gelehrte berühmt ist, die sich in allen Gebieten ausgewiesen haben. Außerdem ist es der Sicherheit im Umgang sowohl als auch der Klugheit förderlich, wenn man mit so vielen englischen Männern aus der großen Welt und mit so vielen hochgebildeten Männern zusammengekommen ist. Ihre Humanität ist einzigartig. Laß Dich aber nicht durch sie dazu verführen, nachlässig oder aufdringlich zu werden. So leutselig sie sich auch immer geben, bleib Du selbst immer zurückhaltend. Solche Männer der großen Welt denken nicht immer so, wie sie sich nach außen hin geben. Wie das einst im Umgang mit Göttern war, so muß man heute mit einflußreichen Männern vorsichtig reden.*[24]

Alles was England für ihn geworden ist, klingt aus diesem Reiseführer für den jüngeren Freund. Als Erasmus selbst zum erstenmal englischen

Boden sah und mit Engländern in deren Heim verkehrte, war er durch die englischen Freunde in Paris und vor allem durch Lord Mountjoy «eingestimmt».

Doch, was ergötzt Dich so an unserem England, fragst Du? Wenn ich überhaupt bei Dir Glauben finde, lieber Robert, dann möchte ich, daß Du mir auf jeden Fall glaubst, daß mir bisher nichts ähnlich gefallen hat. Ich habe hier (in England) *ein höchst angenehmes und mir zuträgliches Klima angetroffen; dann soviel Humanität und Bildung, nicht von jener abgeschmackten und trivialen Art, sondern eine gepflegte, vollendete, klassisch-lateinische und griechische, so daß ich mich kaum noch sehr nach Italien sehne, wenn nicht gerade, um es gesehen zu haben. Wenn ich meinen Colet höre, meine ich Platon selbst zu vernehmen. Wer bewundert an Grocyn nicht jene absolute Beherrschung aller Wissensgebiete? Wo findet man ein sichereres Urteil als bei Linacre, wo ein eindringenderes und schärferes? Wo hat die Natur je einen Geist gebildet, der liebenswürdiger, angenehmer und glücklicher wäre als der des Thomas Morus?*

Wozu soll ich den Katalog noch weiterverfolgen? Es ist wunderbar zu sagen, wie weit verbreitet und dicht hier die Saat der alten Wissenschaften aufgeht; um so mehr muß man sorgen, daß die Ernte bald zur Reife kommt.[25]

Das ist ein uneingeschränktes Bekenntnis zur englischen Renaissance und zu ihrer originalen Leistung neben der italienischen. «Die Zeit des Thomas More», schreibt der englische Historiker R. W. Chambers, «ist nicht der Anfang der neuzeitlichen Epoche der englischen Geschichte, die wir kennen. Sie ist der Anfang einer neuen Epoche der englischen Geschichte, wie sie hätte werden können, hätte die Reformation die Reformation des Erasmus und nicht die Luthers sein dürfen.»[26]

Das Leben auf englischen Landsitzen, die gelassenen, kultivierten Gespräche, die Ritte durch die ansprechende Landschaft, das alles trug sehr bald dazu bei, daß er dort heimisch wurde. Mehr noch als dies waren es die hochgebildeten Freunde, die er bald hinzugewann, allen voran der Theologe John Colet, der Dekan von St. Paul. Bei ihm, in Oxford und Greenwich bei Lord Mountjoy hielt Erasmus sich meistens auf. Soweit er nicht schon durch seine Studien in der Klosterzeit «italienisiert», das heißt mit den Problemen der Bildungsreform vertraut war (durch das Studium des Lorenzo Valla insbesondere), vertieften seine englischen Gespräche diese Richtung. Dort schon lernte er die Florentiner Platoniker Marsilio Ficino und Giovanni Pico della Mirandola kennen. Allerdings, aus Erasmus machte die Begegnung mit dem Platonismus keinen einseitigen Spiritualisten, so sehr diese Begegnung seine Perspektive einer Religion der Innerlichkeit präzisierte. Was am Platonismus schließlich Kosmologie und Ontologie war, sprach ihn gar nicht an; der Pragmatiker ließ sich vom Glanz mystischer Spekulationen nicht blenden. Zu ausgeprägt war bei ihm schon um diese Zeit ein Fortschrittsdenken entwickelt, als daß er viel auf Erleuchtungen gegeben hätte. So entwickelte er in der Gesprächsrunde Colets einmal eine sehr eigenwillige Interpretation der biblischen Kainsgeschichte und gab ihr eine eindeutig prometheische Deutung.

Sir Thomas More. Gemälde von Hans Holbein d. J. Windsor Castle

Wie Herkules gehörte auch Prometheus zu den bevorzugten Symbolfiguren des Erasmus. Diesem prometheischen Zug entspricht auch seine sogenannte «Devise» *Concedo nulli* auf einem Silberpetschaft mit dem Terminus, dem Gott der Grenzen. Als Bekannte ihm deshalb Arroganz vorwarfen, meinte er, es seien nicht seine, sondern die Worte des Gottes Terminus, der unüberwindlichen Grenze des sterblichen Lebens.[27] Damit kam durchaus keine neue Richtung oder gar eine «Umkehr» in das Denken des Erasmus. Von der Notwendigkeit, sich nach dem Bild des Prometheus zu richten, mühevolle Arbeit zu leisten, um so die Gnade des Himmels zu verdienen, hatte er schon in den *Antibarbari* gesprochen.

In deren Gedankengängen war er noch durchaus, als er nach England kam. Schon damals vollzog er auch die Anwendung dieses Fortschrittsgedankens auf die Religion. Entgegen den radikalen, geschichtslosen Erneuerern warnte er vor einer leichtfertigen Mißachtung der Geschichte: *Es gibt nichts Absurderes, als etwa die Kirche unmittelbar zu ihren Anfängen zurückzurufen ... die Zeit führt vieles mit sich, was den Stand der Verhältnisse begründet, und hat vieles zum Besseren verwandelt.*[28] Kaum etwas vermag die Haltung des Erasmus in Fragen der religiösen Erneuerung bzw. der Reformation als eine Haltung sui generis mehr zu verdeutlichen als diese Einstellung. Gerade das unterschied ihn deshalb auch wesentlich von seinen zahlreichen spanischen Freunden, den Erasmistas: «Während die spanischen Humanisten, um das Menschenreich wiederzubringen, den Weg zur verlorenen Harmonie der goldenen Zeit suchen, hatte Erasmus, in der Erwartung des Gottesreiches, sich für den Fortschritt der Kultur entschieden.»[29] Die Zahl seiner Freunde in England wurde bald sehr groß und blieb groß bis an sein Lebensende. Allen voran standen Thomas Morus und John Colet, der eine Jurist, Staatsmann und hochgebildeter Humanist, der andere ein höchst unkonventioneller Theologe. Schon bei seinem ersten Aufenthalt hatte Erasmus den jungen Prinzen und nachmaligen König Heinrich VIII. kennengelernt. Bald schloß sich auch der Kontakt mit Erzbischof William Warham; dazu kam Alexander Stewart, der Erzbischof von St. Andrews, kamen Bischof John Fisher von Rochester, Thomas Linacre, William Grocyn, Hugh Latimer und Cuthbert Tunstall.

Damals hatten griechische Studien oder zumindest die Beschäftigung mit dem Griechischen schon Eingang gefunden. Mit Colet verband Erasmus das gemeinsame Interesse für diese Sprache und für die Bibel als Quelle und Richtmaß der Frömmigkeit wie der Theologie. Die fälschliche Annahme, daß Erasmus durch Colet «bekehrt» worden sei, ist sicher durch die Tatsache mitbestimmt, daß Erasmus bei Colet als «Poet», als Literat eingeführt wurde; das war aber nun einmal der Ruf, der ihm vom Festland her vorausging, der aber seine tatsächliche Interessenbreite nur verschleiert. Colet faßte die Schrifttheologie, also die auf die Bibelauslegung konzentrierte Theologie, als Lebenslehre, nicht als pure theologische Theorie auf. Erasmus erkannte aber im Umgang mit ihm bald, daß es dazu einer Anwendung der Philologie, der Textwissenschaft also, auf die Schrift bedürfe (Editionen in der Ursprache Griechisch bzw. Hebräisch). So schrieb er denn 1514 an Anton von Bergen, daß Philologie unentbehr-

John Colet. Anonymer Meister, 16. Jahrhundert.
St. Paul's School, London

lich sei zum rechten Verständnis des Wortes Gottes. *Gott,* hatte er schon in den *Antibarbari* geschrieben, *wird nicht durch grammatische Fehler beleidigt, aber er hat doch auch keine Freude daran.*[30] Die Bekanntschaft mit den Annotationes des Lorenzo Valla bestätigte ihn lebhaft in seiner philologischen Auffassung.

Hier eröffnen sich bereits Perspektiven, die ihn schließlich ebensowohl der offiziellen Kirche und ihrer Kathedertheologie entfremden wie auch schließlich Luther und den radikalen Reformatoren unbegreiflich machen sollten: die entschiedene «Humanisierung» des Christusbildes wie auch die mehr und mehr sichtbare Tatsache, daß für ihn wissenschaftliche Forschung schwerer wog als Inspiration.[31]

So nachhaltig ihn der common sense und der sense of humour seiner englischen Freunde beeindruckt (und bestätigt) hatte: im Laufe der Jahre waren ihm die Schattenseiten der englischen Wesensart nicht minder bewußt geworden. Seine Welt- und Menschenbeobachtung hatte dem Erasmus sehr früh eine tiefe Einsicht in das Entstehen nicht nur individueller Charakterzüge, sondern gerade auch in die Struktur und die verhängnisvolle Wirkungsweise der nationalen Stereotypen vermittelt, und zwar gerade in dem Augenblick, als in Europa mehr und mehr die nationale Karte ausgespielt wurde. Im *Lob der Torheit* und besonders sarkastisch in der *Klage des Friedens* erhalten diese nationalen Stereotypen ihre gebührende Beurteilung.

In seinem Geleitbrief für Cannius aus dem Jahre 1527 [32] durchschaut Erasmus, mittlerweile seit Jahren auf dem Kontinent lebend, die so auffallend englische Mischung von verbindlich wirkendem Understatement und Empfindlichkeit gegen Zudringlichkeiten. Es mag sein, daß er in jüngeren Jahren weniger mißtrauisch war, es mag aber auch sein, daß sich gerade in jenen drei Jahrzehnten im Gefolge der verhängnisvollen politischen Vorgänge i m L a n d e jene joviale Dominante im englischen Charakter, wie er ihn ganz zu Beginn des Jahrhunderts noch erlebt hatte, zugunsten einer politisch bedingten Zurückhaltung abschwächte.

Immerhin war Erasmus damals, als er England kennenlernte, schon gewappnet. Die Erfahrungen seiner sentimentalen Jünglingsjahre im Kloster Steyn hatten ihn gelehrt, sein Inneres zu verbergen und seine Gefühle nicht hinauszuposaunen. Dazu hatte ihn dann zwischen dem ersten und dem längeren England-Aufenthalt noch besonders der italienische Bombast stutzig gemacht, der ihm auf seiner italienischen Reise begegnet war (aber auch schon in der wie immer liebenswerten Person des Fausto Andrelini).

Inzwischen waren für ihn nun auch die englischen Blütenträume längst verwelkt; denn die Hoffnung auf den humanen Friedensfürsten Heinrich VIII. hatte getrogen, und das hing nicht zuletzt auch mit dem mangelnden Stehvermögen jener «großen Welt» zusammen. Darin hatte sich diese insulare Aristokratie aus Herkunft und Bildung kaum weniger anfällig erwiesen als die kontinentale. Mit der verhaltenen Kritik an England trifft er zugleich die große Gesellschaft Europas: Umgänglichkeit und Humanität sind hier seither noch mehr Worthülsen geworden, und man hat vorsichtig zu sein, wenn sie einem noch so gefällig ins Ohr dringen.

Das soll freilich nicht bedeuten, daß es allein die immer dunkleren Schattenseiten Englands gewesen wären, die ihn vertrieben. Der Kontinent selbst lockte verführerisch mit seiner entwickelteren Drucktechnik und Verlagsorganisation und – nicht zuletzt – mit seinem größeren Publikum.

Ein Dolchstoß wider die «Frömmigkeit»

Die Zeit, die Erasmus nach seinem ersten längeren England-Aufenthalt von 1501 bis 1505 in den Niederlanden verbrachte, steht ganz im Zeichen eines zunehmenden Selbstverständnisses. Aus St. Omer schrieb er im Herbst 1501 an einen gewissen Johannes: *Verleumder, die glauben, die Hauptsache der Religion bestehe in wissenschaftlicher Unwissenheit, sollen erkennen, daß ich in meiner Jugend mit der gepflegteren Literatur der Alten befaßt habe, daß ich mir eine ziemliche Kenntnis beider Sprachen, Griechisch und Lateinisch, in heißer Nachtarbeit erworben habe, daß ich nicht auf eitlen Ruhm oder kindliches Vergnügen schaute, sondern längst im Auge hatte, den Tempel des Herrn, den manche durch ihre Unwissenheit und Barbarei zu sehr entehrten, nach Kräften mit fremden Schätzen zu zieren, durch die auch die edlen Geister mit Liebe zur Hl. Schrift entflammt werden könnten.*[33] Dahin zielte nämlich das wachsende Interesse des Erasmus an der Schrifttheologie bzw. an philologischer Bibelkritik: Er wollte nicht nur die bare Unwissenheit in Fragen der christlichen Botschaft bekämpfen, sondern auch und gerade jene scholastische Barbarei, in der das Wort der Schrift erstarrt und sein lebendiger, unmittelbarer Sinn verlorengegangen war. Nicht diesen Wust von Menschenwitz hatte er im Auge, wenn er das Maß der neuen Wissenschaft vom Wort an das Wort der Schrift legen wollte: *Ich glaube, nicht einmal die Königin aller Wissenschaften, die Theologie, wird es für unwürdig halten, wenn ihr von der Grammatik als Dienerin Handreichungen geboten und der schuldige Dienst geleistet werden; sie steht zwar an Ansehen hinter manchen Wissenschaften zurück, ist aber notwendiger als die anderen alle.*[34] Mit Hilfe von Autoren wie Platon, Cicero und Seneca konnte die Bibel in den antiken Kontext gestellt und ihre unmittelbare Menschlichkeit, aber auch ihre geistliche Überlegenheit begreiflich gemacht und das Rüstzeug der philologischen Wissenschaft dazu dienstbar werden, um aus einem magisch oder mystisch verschlüsselten Buch wieder ein Buch des Lebens zu machen. Dabei war freilich nicht zu vermeiden, daß auch sein historischer Charakter sichtbar wurde. Dennoch wollte Erasmus nichts weniger als mit dem Beelzebub eines dürren Rationalismus den Teufel scholastischer Begriffswüsten austreiben. Die intensive Beschäftigung mit Platon und den italienischen Renaissance-Platonikern in England hatte seine durch die Devotio moderna angelegte Religion der Innerlichkeit dagegen ausreichend gestärkt.

Persönliche Begegnungen, wie so oft bei der Entstehung seiner Schriften, lösten die Arbeit an einem Werk aus, das seine bibeltheologischen und Editionsabsichten auf eine folgenreiche Art «ablenkte»: der Franziskaner-Guardian Jean Vitrier und Johann Poppenruyter aus Nürnberg, der eine in den Kirchenvätern bewandert, von gebildeter und unkonventioneller Frömmigkeit, der andere ein ziemlich skrupelloser Rüstungslieferant, der in den Niederlanden fragwürdige Geschäfte machte und von Kirche und Frömmigkeit nichts wissen wollte. Jean Vitrier aus St. Omer wurde für Erasmus das Modell der «Philosophia Christi», einer beharrlich an der Bibel orientierten Theologie. Den Ausdruck «Philosophia Christi» hatte Erasmus wohl von Rudolf Agricola übernommen, der 1484 die «Philosophia Christi» in seinem Buch über die Erziehung («De formando studio») herausgestellt hatte.

Der Pfaffenfresser Poppenruyter hatte eine merkwürdige Sympathie für Erasmus und seine bigotte Frau Sorge um das Seelenheil ihres Mannes. Ihre Bitte, etwas für den Abtrünnigen zu tun, stieß auf Gegenliebe bei Erasmus. Jetzt konnte er seine Bewunderung für Jean Vitrier mit einer Mahnung an den nürnbergischen Bramarbas verbinden. Andererseits konnte er sein Frömmigkeitsideal sowohl gegen die vulgäre Veräußerlichung wie auch gegen die scholastische Schultheologie und ihre Subtilitätenschau abgrenzen.

Von der dünnen Luft dieses Empyreums der Gottesgelehrtheit galt es um so mehr Abstand zu nehmen, weil diese geradezu einen blühenden religiösen Materialismus mit Heiligenverehrung, Reliquienkult, Wallfahrts- und Zeremonienwesen begünstigte. Wer religiöse Ignoranz bekämpfen wollte, wie sie Poppenruyter praktizierte, konnte weder das eine noch das andere schonen.

So wurde dieses *Enchiridion militis christiani* («Enchiridion» heißt im übertragenen Sinne «Handbüchlein» und wörtlich «Dolch») zugleich ein Dolchstoß wider die offizielle Theologie wie gegen die materialistische Volksfrömmigkeit. Aber Erasmus stand bei allem «Biblizismus» und Spiritualismus Colets doch immer noch genug in der Tradition des realistischen Frömmigkeitsideals der Brüder vom Gemeinsamen Leben. Colets «Verkündigungstheologie» wie auch seine Sorge um die «pusillanimes», die kindlich frommen Seelen, hatten jenes nur bestätigt.

Wie es die Bittstellerin gemeint hatte, wurde dieses *Enchiridion* ein Instrument im Kampf gegen die Sünde, aber den Teufel und die Sünde sah Erasmus hier anders als die pusillanimes und die hohen Theologen. Was Luther noch als Drohgestalt ängstigte und ängstliche Seelen wegen ihrer Verstöße gegen äußere Vorschriften peinigte, war hier vergeistigt und als Konflikt mit der Welt und dem Fleisch begriffen, aber als ein Konflikt, mit dem man durchaus leben müsse.

Es wird hier bald deutlich, daß precatio u n d scientia als Gebet und Einsicht erst wahre Frömmigkeit begründen. Wissen ist eine lebenswichtige notwendige Waffe für einen wohlausgerüsteten Kämpfer, und das heißt für einen Christen, der durch Verantwortung gegenüber der Welt ausgezeichnet sein muß. Was diese Welt wirklich pagan, das heißt heidnisch macht, ist ihr religiöser Materialismus, und auf diesen zielt die erasmische Mobilisierung des miles, des Ritters (wider Tod und Teufel). Nicht der Mönch ist Soldat Christi, denn *Mönchtum ist kein Weg zur Frömmigkeit, sondern eine Lebensform* [35].

Das Dilemma ist keineswegs die Kluft zwischen Kirche und Welt, sondern jene feine Grenze zwischen der Rücksicht auf die schlichte Aufnahmefähigkeit der Ungebildeten und der Verwerflichkeit krasser religiöser Äußerlichkeiten, zwischen einer Religion der Innerlichkeit und den Ansprüchen einer lebendigen «sinn»-erfüllten Religiosität: *Mäkeleien gewisser Leute, die das Büchlein* (das *Enchiridion*) *wegen angeblicher Bildungsmängel verachten, rühren mich nicht. Weil es keine scho-*

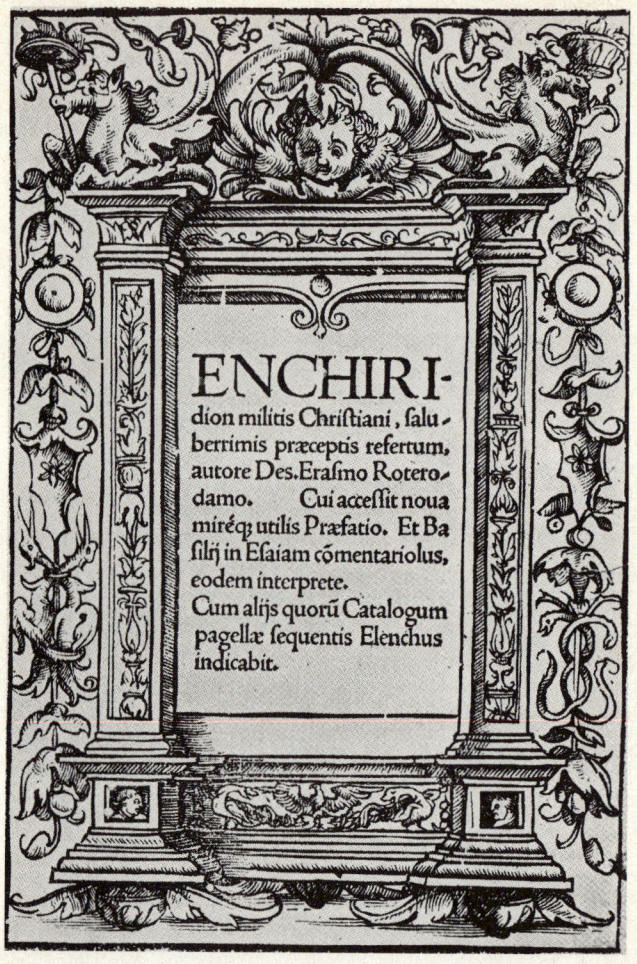

«Enchiridion militis christiani». Basel 1518, bei Johannes Froben

lastischen Streitfragen behandelt, meinen sie, hätte es auch von einem
Elementarschüler geschrieben sein können. Als ob es ohne diese Dinge
keine Bildung gäbe! [36]

Deshalb ist dem Erasmus eine puritanische Auslegung der Fleischlichkeit zuwider. «Fleischlichkeit», das ist für ihn veräußerlichte Frömmigkeit, «Judaismus», wie er solches Verhalten (im Gespräch *Fischgericht*) auch nennt, und nicht «Geschlechtlichkeit».

*Das Evangelium hat sein Fleisch und seinen Geist. Denn wenn auch
die Decke von dem Gesicht Moses' weggezogen ist (Ex. 34,33 ff und*

2. Kor. 3,13 ff), so sieht Paulus dennoch bis jetzt wie im Spiegel und im Gleichnis *(1. Lor. 13,12)*, und bei Johannes sagt Christus selbst: «*Der Geist ist es, der lebendig macht; das Fleisch nützet nichts» (Joh. 6,64).* Ich hätte ein Bedenken gehabt zu sagen: Es nützet nichts. Hätte nicht schon genügt: Das Fleisch nützet etwas, doch weit mehr noch der Geist? Nun aber hat die Wahrheit selbst gesagt: Es nützet nichts. Und es ist so unnütz, daß es nach Paulus tödlich ist, wenn es sich nicht zum Geiste hinwendet. Im übrigen hilft es doch, die Schwäche gleichsam in Stufen zum Geiste zu führen.[37]

Erasmus gibt hier bei aller formalen Anerkennung der Autorität *(Nun aber hat die Wahrheit selbst gesagt...)* durch seine Interpretation deutlich zu verstehen, daß er einer totalen Abwertung des Körpers widerstrebt.

Weder die theologischen Kapazitäten seiner Zeit noch der Mann von der Straße sind ihm kompetent für das Leben. *Nimmt ein kluger Baumeister denn sein Vorbild vom gewöhnlichsten oder vom besten Werk? Die Maler nehmen sich nur die besten Gemälde vor. Unser Vorbild ist Christus, in dem wir alle Grundsätze für ein seliges Leben finden. Ihm kann man ohne Besorgnis nachfolgen. Außerdem könnte man an bewährten Männern insofern etwas vorbildhaft nennen, als es mit dem Urbild Christus übereinstimmt. Was aber die Allgemeinheit der Christen betrifft, so sei versichert, daß es im Hinblick auf die Ansichten über die Sitten nicht einmal bei den Heiden etwas Verdorbenes gibt.*[38]

In seiner Polemik wider die Autoritäten führt er scheinbar ganz im Sinne der arroganten Schulgelehrten das Vertrauen auf die Menge ad absurdum, meldet aber nicht minder schwerwiegende Bedenken gegen alles Vertrauen auf Autoritäten, Eliten und Prominente an, so als sei das selbst *Vertrauen auf die Menge.* Vertrauen auf Rang ist ihm ebenso fragwürdig wie Vertrauen auf Zahl. Wiederum muß der Leser den Eindruck gewinnen, als seien wie bei dem nun beschworenen Platon nur die ausgewählten Philosophen die Männer des Vertrauens, aber auch sie werden in jenem Sinne als «Obere» qualifiziert, als sie für einen Haufen Parteigänger sakrosankt bzw. unantastbar geworden sind.

Beifall der Menge wie der «Oberen» muß immer Anlaß zum Mißtrauen sein. Auf dem richtigen Wege ist nur die «kleine Schar», sind immer jene wenigen, die einfältig, arm und von der Wahrheit durchdrungen sind im Sinne des Evangeliums, weder die Oberen noch die Menge. Hier wird deutlich, daß Einfalt, Armut und Wahrhaftigkeit keineswegs mit Wissen und Bildung im Sinne der Zeit identisch sind, aber ebensowenig mit der Unbildung im Sinne des «Volkes». Der Autor des *Enchiridion* hält ebensowenig von der durch bloßes Nichtwissen erwiesenen «Einfalt» des Volkes wie von der stupenden Vielwisserei der «Hochgebildeten», wenn es um die Verwirklichung des christlichen Geistes geht, und dieser ist nun einmal «Geist», das läßt sich durch nichts wegdisputieren.

Hinter solcher immanenten Polemik wird bereits die Kontur des *Lobes der Torheit* sichtbar, wie ja auch hier schon das Profil des Freundes Thomas Morus im Hintergrund stand, eine Art Mittelfigur des seltsamen Triptychons: der berufene Staatsmann zwischen dem geistge-

prägten Mönch Vitrier und dem grobianischen Waffenhändler Poppenruyter.

Vitrier war ihm als eine Personifikation dessen erschienen, was sich
im Sinne des Rudolf Agricola, verstärkt durch Colet und Morus, als
Philosophia Christi abzeichnete. Hier war nun das Buch, das diese «Lebenslehre des Christentums» verkündete, ein Buch, das den Erasmus
*zum Sprachrohr der liberalen katholischen Reform, zum Ratgeber von
Päpsten und zum Mentor Europas* [39] machen sollte. Zunächst war das
Buch 1503 mit anderen Veröffentlichungen in einem Band erschienen.
Seine Wirkung in die Breite erreichte es erst reichlich zehn Jahre später, als es gesondert erschienen war; das war 1515. Nun wurde es in
fast alle europäischen Sprachen übersetzt; kein Wunder, daß es jetzt
erst wirklich die inkriminierten Autoritäten in Harnisch brachte.

Für Erasmus wurde das um so viel mehr Anlaß, nun einerseits seine
theologisch-wissenschaftlichen Pläne zu verwirklichen, die diese mili-
tia Christi erst auf eine gediegene wissenschaftliche Grundlage bringen sollten: die Edition des Neuen Testaments in der Ursprache mit
entsprechenden Interpretationen. Dazu gehörte aber auch, je mehr er
ins theologische Gespräch kam und die Fachhäupter der Wissenschaft
ihre mißtrauische Aufmerksamkeit auf ihn richteten, das wissen-
schaftlich-theologische Soll des akademischen Berechtigungsnachwei-
ses.

Das zweifelhafte Glück Italiens

Erasmus ist von allen berühmten Italien-Reisenden der merkwürdigste.
Wie seine humanistischen Zeitgenossen im Norden lockte auch ihn das
Mekka der Künstler und Literaten seiner Zeit von Jugend an mächtig.
Es war nicht so sehr die «Ewige Stadt», das Rom der Päpste, was ihn
anzog. Das mochte Luther mehr herausfordern, aber für ihn wie für die
«Humanisten» war Italien eher ein geistiges als ein geistliches Aben-
teuer.

Zwischen seinem 17. und 28. Lebensjahr hatte er dreimal Reisepläne
für Italien entworfen, doch er ging schon auf die Vierzig zu, als er endlich ernst machte. Inzwischen war der bildungsgläubige Literat zu einem nüchtern und kritisch urteilenden Zeitbetrachter herangereift. Als
er im Juni 1506 die Reise antrat, hatte er schon die «humanistischen
Weihen»: hatte als Mönch in Steyn seinen Valla entdeckt, mit Colet
sich in den Platonismus der Florentiner Humanisten (Pico und Ficino)
vertieft, kam also ganz und gar nicht als ein heilsuchender Bildungs-
adept nach Italien. S e i n Standort war abgeklärt in religiösen Dingen
wie in Fragen der Bildung.

Hier liegt die Wurzel der auffallenden Skepsis und Zurückhaltung,
mit der er Italien erlebte und wie Italien sich in seiner Korrespondenz
spiegelt. Seine Erwartungen unterschieden sich gründlich sowohl von
der Haltung der meisten nordischen Bildungswallfahrer als auch von
der formal-klassizistischen Selbstsicherheit der italienischen Bildungselite. Er wußte zuviel, als daß er sich einem belebenden Rausch unge-

Ritter, Tod und Teufel. Kupferstich von Albrecht Dürer, 1513

ahnter Entdeckungen hätte überlassen können, und sein herkulisches Arbeitsprogramm für diese Reise war zu klar umrissen, als daß ihm unverbindlicher Bildungskult behagt hätte. Zu allem hatte er für diese Reise eine erzieherische Aufgabe übernommen: nämlich Studienberater für zwei junge Engländer zu sein. Außerdem stand – nach Zwischenaufenthalt in Paris, Orléans und Lyon – als erstes in Italien die Promotion auf dem Programm.

Daß der Pariser Baccalaureus am 4. September 1506 gerade in Turin promoviert wurde, mag der wohlerwogenen Absicht entsprechen, sich als Theologe mit dem Prestige eines italienischen Dr. theol. zu versehen. Es mag aber auch durchaus sein, daß Freunde diese Formalität für ihn dort vorbereitet hatten. Jedenfalls vollzog er den Akt mit einer Beiläufigkeit, die er auch in Briefen an seine Freunde im Norden glaubhaft zu machen versucht.[40]

Er besucht dann Pavia, Bologna und Florenz und ist empört über die kriegerische Aktivität Papst Julius' II. Auf Einladung kommt er nach Venedig zu Aldus Manutius, dem berühmten Drucker und Verleger. Dieser fortan sehr ausgedehnte Aufenthalt im Haus des Druckers, die

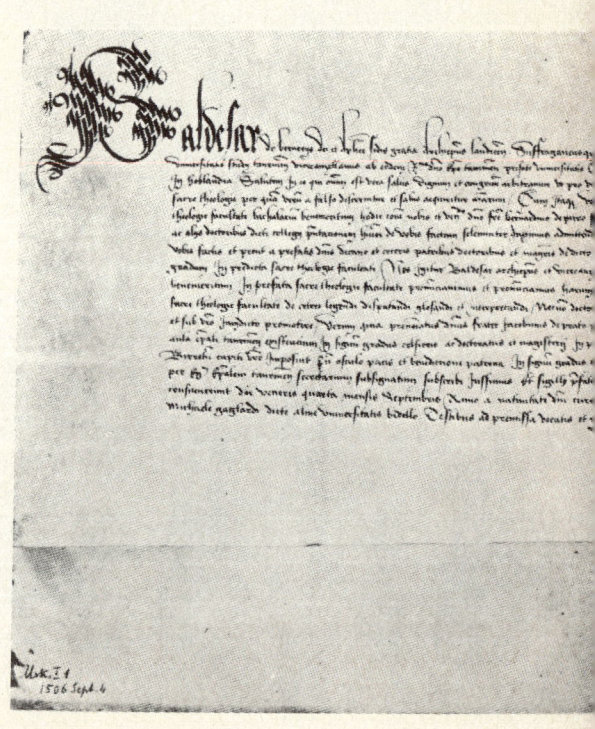

Urk. I 1
1506 Sept. 4

Zusammenarbeit mit ihm und die reichen Schätze seiner Bibliothek entsprechen genau seinen Erwartungen und bieten ihm die erwünschte Arbeitsatmosphäre in unmittelbarem Kontakt mit dem von ihm so geschätzten Medium.

Es war sein Vorhaben in Italien, Werke unbekannter Autoren und unbekannte Werke bekannter Autoren zu entdecken, zu übersetzen und Handschriften zu vergleichen und auszuwerten, vor allem im Dienste seiner theologischen Absichten: *Wir forschen gern in alten Bibliotheken.* Was er inmitten der Trümmer, der rückwärtsgewandten Propheten antiker Herrlichkeit und platonisierender Schwärmer vermißte, das fand er in der Druckerwerkstatt des Aldus zu Venedig. Das war ihm mehr wert als die exklusive Bildungspflege in Akademien und höfischen Zirkeln. Die Möglichkeiten, die sich ihm hier boten, hielten ihn ein volles Jahr in Venedig fest. Unermüdlich machte er Texte druckfertig und schrieb neue Adagia.

Die renascentia literarum wie die renascentia evangelii verlangte eine möglichst breite Popularität ihrer Autoren und Texte, und das Medium

Die Doktor-Urkunde des Erasmus,
ausgestellt von der Universität Turin am 4. September 1506.
Basel, Universitätsbibliothek

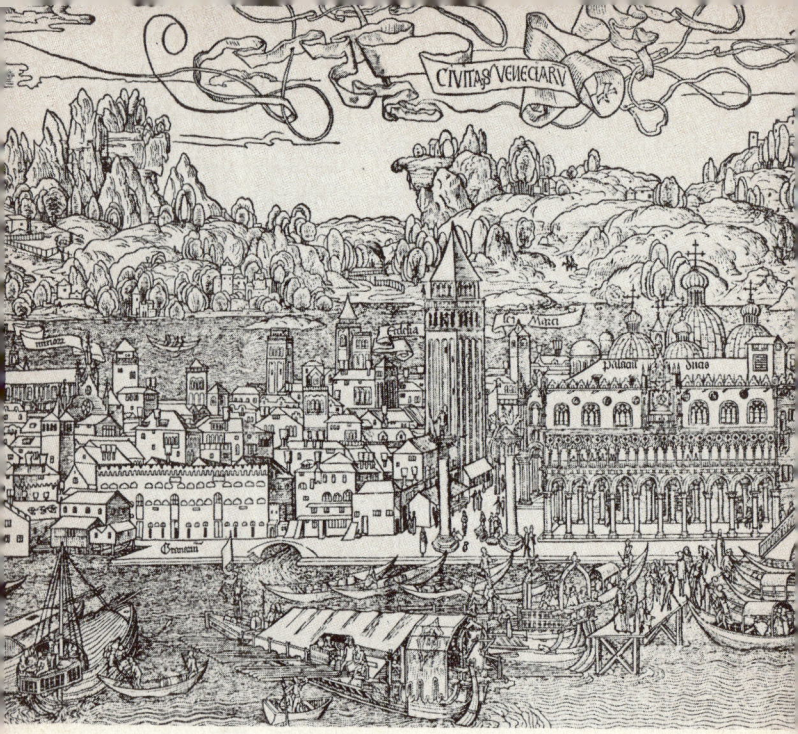

Venedig. Holzschnitt, 1486

Buchdruck erleichterte diese Popularität in einer ungeahnten Weise. Damit Bildung in dem wünschenswerten Maße Allgemeinbesitz und religiöser Erneuerung dienlich werden könne, ging er diese enge Kooperation mit den Technikern und Managern des neuen Mediums ein. Er entwickelte eine minuziöse Aufmerksamkeit für Fragen des Buchformats, des Satzspiegels und der Drucktypen. So ausschließlich er Latein schreibt, so nachdrücklich hat gerade er den Wert der Muttersprachen und der Übersetzung in diese Muttersprachen betont. Seine Aufmerksamkeit galt immer auch den schon zu seinen Lebzeiten überaus zahlreichen Übersetzungen vieler seiner Veröffentlichungen in die meisten europäischen Sprachen.

In Venedig arbeitete er unter einem Dach mit dem künftigen Kardinal Hieronymus Aleander, der dann als reformfeindlicher päpstlicher Nuntius in den Niederlanden Mißtrauen gegen Erasmus säte. Auf seiner weiteren Reise in Italien, in Padua, Ferrara, Siena, Rom und Neapel hatte er reichlich Gelegenheit, die Elite der italienischen Geistesaristokratie von der Art des Aleander kennenzulernen. Es kam ihm zugute, daß er von Paris und England her an den Umgang mit diesen Italienern gewöhnt war, daß er ihre Beweglichkeit und Bildung ebenso zu schätzen wie ihr pompöses Gehabe einzukalkulieren wußte. Man wird sogar fragen müssen, ob er im Umgang mit seinen hochgestellten Verehrern und Freunden in Rom, dem späteren Leo X., Raffaello Riario, Domenico Grimani, Lorenzo Campeggio und anderen, ihren Charme und ihre weltmännische Beweglichkeit nicht mehr als ihre Bildung schätzte.

Es ist das Italien der Druckwerkstätten, der Bibliotheken und menschlichen Begegnungen, das ihn gefangennimmt, kaum das Italien und Rom der Trümmer und monumentalen Denkmäler der Antike. Der Autor, der mit einem vollen Arbeitsprogramm nach Italien gekommen war, fand keinen Geschmack an Architekturresten. Überhaupt war ihm die Antike als Objekt künstlerischer wie auch literarischer Restauration uninteressant. Selbst in der Textherstellung nahm er manche Flüchtigkeit in Kauf, weil der «reine» Text ihm nicht Erfüllung bedeutete.

Daß er kein Auge für die Landschaft gehabt habe, darf man ihm nicht nachsagen, obwohl gerade das überall geschieht, nachdem Luther ihm einmal ingrimmig und ein wenig gehässig vorgeworfen hat, er habe nichts für die Natur übrig. Noch beim Übergang über die Alpen nach Italien hatte er angesichts der großartigen Landschaft, gerade im Erlebnis dieses Übergangs sein berühmtes *Carmen Alpestre* verfaßt, mit dem er sich auf der Höhe seines Lebens vor den Toren Italiens eine Art Rechenschaft über sein Leben abverlangt. Dieses Gedicht ist unwiderleglicher Beweis dafür, daß der Mann aus Rotterdam mit sehr bestimmten Absichten, weniger mit hochgestimmten Erwartungen, nach dem Süden ging. Die italienische Landschaft hat ihn nicht in Euphorie versetzt, obwohl er die Reize der niederländischen und englischen Landsitze sehr wohl zu schätzen wußte. Trotzdem schreibt er 1515 an Kardinal Riario in der Erinnerung an Rom mit offenbarem Entzücken von dem *Licht* und den *Spaziergängen* dort.

Vergessen wir nicht, daß er weder den «Humanismus» suchte noch die Kirche, als er nach Italien reiste. Wer schon bald so hart mit dem Humanismus wie auch mit der Kirche ins Gericht ging, hatte sich seine entschiedene Auffassung schon vorher gebildet. Deshalb blieben die steinernen Zeugen für ihn stumm, waren die Bücher und die an ihrer Formkraft sich bildenden, aus ihr wirkenden Menschen, nicht die Skulpturen und Architekturen seine «Begegnungen». Das klingt deutlich nach in jenem Brief an Riario: *Und doch, ich kann nicht anders, quält mich die Sehnsucht nach Rom, so oft ich daran denke* – wie· oft aber denkt er schon daran? –, *was ich an Freiheit, an Wirkungsmöglichkeit, an Licht, Spaziergängen, Bibliotheken, entzückenden Gesprächen mit den gebildetsten Menschen, an Prominenten aus der ganzen Welt, die nach mir verlangen, in Rom zurückließ.*[41]

Viel mehr als Architektur und Landschaft war und wurde s e i n e Wirklichkeit die vom Autor im Buch geschaffene. Hier klingt schon die Erkenntnis des *Ciceronianus* an, daß die Um- und Neuschaffung von Welt, nicht aber stilisierte Reproduktion von «Außenwelt» den Künstler ausmacht.

Trotz aller höflichen Beteuerungen gegenüber römischen Freunden hat er Italien ziemlich leichten Herzens «zurückgelassen». Zuerst kamen zwei Handschreiben des jungen englischen Königs (Heinrich VIII.), dann eine dringende Einladung Lord Mountjoys nach England. Der

neue König war darin von seinem Lord überreich mit Vorschußlorbeeren als «Friedensfürst» bedacht, so daß der von den italienischen Wirren kriegsmüde Erasmus Anlaß fand, dem Ruf nach England zu folgen.

Um so mehr, weil ihn außerdem der in der hohen Geistlichkeit Roms herrschende Paganismus der Italiener je länger je stärker verdroß: *Als ich in Rom war, wurde ich dringend gebeten, einem Karfreitags-Gottesdienst beizuwohnen. Papst Julius war zwar in Rom, mußte sich aber zufällig aus gesundheitlichen Gründen der Feier fernhalten. Es war ein gewaltiger Aufzug von Kardinälen und Bischöfen, abgesehen von dem großen Haufen, von vielen Gelehrten. Ich will den Namen des Predigers verschweigen. Seine Einführung und der Schlußteil waren länger als die Rede selbst und waren ganz vollgepackt mit Lobhudeleien auf Julius, der als Jupiter Optimus Maximus gepriesen wurde, in seiner Rechten den Dreizack schwingend und den unvermeidbaren Blitz und mit einem Wink vollbringend, was immer er wolle. Alle bedeutenden Ereignisse der letzten Jahre in Frankreich, Deutschland, Spanien, Portugal, Afrika und Griechenland sind auf sein Geheiß vollführt worden ... Aber was hat dies alles zu tun mit dem Julius, der das Haupt der christlichen Religion ist, der Stellvertreter Christi, der Nachfolger von Peter und Paul. Dann machte der Redner das Kreuz Christi zu einem Triumphkreuz, überzeugend ruhmvoll im Vergleich mit den Martyrien des Sokrates, Epaminon-*

Rom. Anonymes Gemälde, 1. Hälfte des 16. Jahrhunderts.
Brüssel, Musées Royaux de Beaux-Arts de Belgique

das, Scipio und Aristides. Was könnte wirklich abgeschmackter und ba-
naler sein.[42]

Man hat sich sehr viel Mühe gegeben, diese Vorwürfe gegen die paga-
nen Attitüden des italienischen Humanismus zu entkräften. Vor allem
die scharfen Angriffe des Erasmus im *Ciceronianus* von 1528 haben seine
römischen Zeitgenossen erregt, ähnlich der Reaktion zumal italienischer
Forscher auf die Feststellungen Jacob Burckhardts.

Nun verkennt man die Absicht des Erasmus, wenn man sich zur Ent-
kräftung des Vorwurfs auf die Florentiner Platoniker und besonders auf
Pico della Mirandola beruft. Die waren Erasmus mehr als bekannt und
von ihm keineswegs unterschätzt. Er hatte auch niemals gemeint, daß
jene Italiener etwa ihrem antikisch-heidnischen Sprachgebrauch gemäß
heimliche oder gar offenbare Anhänger heidnischen Götterkultes wären.
Paganismus war für ihn jede Form des religiösen Materialismus, der massiven Äußerlichkeit kultischer, zeremonieller und sakramentaler Demon-
strationen. Das war – wie er im *Enchiridion*[43] und im Colloquium
Fischgericht vor allem erklärt hat: Rückfall ins Heidentum und deshalb
nicht so sehr der antikisch-heidnische Aufputz Ziel seines Angriffs (besonders auf Papst Julius II.) als vielmehr die Verkehrung der Frömmigkeit in ritualistische Spektakel, und diesen Vorwurf mußten die Italie-

ner hinnehmen, ob sie sich noch so sehr dagegen sträubten. Sie haben
dies nicht verstanden, weil sie die Frömmigkeitsauffassung des *Enchiridion* nicht verstanden.

Sie haben deshalb auch die Kritik des *Ciceronianus* mißdeutet; denn
die Einsicht des Erasmus, daß der Klassizismus unhistorisch, ja ge-
schichtsfeindlich sei, daß man im christlichen Äon, ganz einfach: nachdem das Christentum einmal da ist, nicht so tun könne, als ob es nicht
geschehen sei (gleichzeitig aber nebenher gewissermaßen «praktizieren-
der» Christ sein), diese Einsicht mußte den Italienern im Grunde fremd
bleiben, weil sie ein massiv sensualistisch «praktiziertes» Christentum
in heiterer Unbekümmertheit durchaus mit philosophischer «Vertie-
fung» nach dem Muster der Florentiner einerseits und romantisch-natio-
naler Pflege antik-römischer Überlieferung andererseits zu kombinieren
wußten. Die Kritik des Erasmus zielte also tiefer, als seine italienischen
Zeitgenossen und später auch die Kritiker Jacob Burckhardts ihn verstanden: auf «pagane» Veräußerlichung der Frömmigkeit und das hohle
Anstaltschristentum.

Daß es sich nun mit antik-heidnischen Formeln und Emblemen
ausstattete war nur die Schlußphase einer Entwicklung, die längst im
Gange war. Nur wurde gerade die renascentia literarum, wurde die

«herkulische» Arbeit für den Fortschritt fast aussichtslos, wenn einerseits die literarische Bewegung selbst den Veräußerlichungsprozeß begünstigte, statt ihn zu korrigieren, und andererseits die radikalen Reformer (im Norden) in ihrem Kampf gegen die Veräußerlichung Heidentum und neue Bildung in einen Topf warfen. Von beiden Seiten, von dem Formalismus der Klassizisten wie auch vom Rigorismus der Reformer her mußte hier dem Fortschritt und der Bildung Gefahr drohen.

Kaum weniger befremdeten den niederländischen Reisenden Aberglauben, Unbildung und Grausamkeit (z. B. Tieren gegenüber) in der breiten Masse der Italiener und die Gleichgültigkeit der Gebildeten gegen die Unbildung des Volkes. Daß «Paganismus» keineswegs nur «die Maske war, die man sich vorhielt, wenn man etwas vornehm tun wollte»[44], wird für den heutigen Betrachter wie damals für Erasmus einsehbar eben an der zu sozialer und religiöser Verantwortungslosigkeit bzw. Gleichgültigkeit führenden Bildungshybris, die mit dem Paganismus verbunden war.

Glatt und elegant, wie Erasmus in Rom mit den Prominenten verkehren konnte, wußte er auch die Korrespondenz nachher mit ihnen zu führen. Mit der ihm eigenen, unheimlichen Fähigkeit, sich auf den Adressaten oder Gesprächspartner einzustellen, machte er sich solchen Partnern gegenüber scheinbar gar nicht die Mühe, in seiner Diktion vom Klischee der kurialen Rhetorik abzuweichen. Ihn reizt es geradezu, auch in dieser Tonart mithalten zu können. Damit verbindet sich die Sorge um die persönliche Sicherheit, eine wohlbegründete Vorsicht, mit der Kritik und Ironie kunstvoll drapiert werden, und schließlich das seit England immer stärkere Bestreben, die höchst lästigen und jeder freien literarischen Arbeit hinderlichen Bindungen an Mönchsgelübde und Kloster loszuwerden, ohne damit in lebensgefährliche Konflikte zu geraten.

In England hatte man ihm gewisse Erleichterungen verschafft, aber die gingen über den Kompetenzbereich des englischen Episkopats hinaus. So lag ihm alles daran, mit Hilfe der kurialen Verbindungen einen Schritt weiterzukommen. Das war ihm in Italien gelungen, das heißt er hatte ein päpstliches Indult erlangt, das ihn vom Zwang der Ordenskleidung eines Augustinermönchs entband. Noch aber galt es, darüber hinaus eine endgültige Lösung durch päpstliche Dispens zu erzielen. Deshalb durfte er seine Verbindungen nicht gefährden. Wie recht er damit hatte, zeigte die Entwicklung: im Jahre 1514 mahnte ihn ein Brief seines früheren Ordensbruders und nunmehrigen Klosterpriors Servatius Roger aus Steyn sehr dringend an die Rückkehr ins Kloster. Seine ganze zwangvolle Vergangenheit von der unehelichen Geburt bis zum erzwungenen Klostereintritt schien gegen ihn aufzustehen. Er widersetzte sich der Aufforderung in einem ausführlichen Antwortbrief, mit dem er seine öffentliche Aufgabe als Publizist und die für dieses Wirken unabdingbare Freiheit (und Unabhängigkeit) gegen Roger geltend macht: *Du versprichst mir zwar, daß Du für mich einen Platz aussuchen würdest, wo ich alle Bequemlichkeiten haben werde. Ich ahne zwar nicht, worin sie bestehen sollen, es sei denn, daß Du mich bei irgendwelchen Nonnen unterbringst, so daß ich denen verpflichtet bin, wo ich doch weder Erzbischöfen noch Königen jemals habe dienstbar sein wollen. Auf Bequem-*

lichkeiten lege ich keinen Wert. Ich habe es nämlich nicht darauf abge-
sehen, reich zu werden, wenn ich nur so viel habe, daß ich für meine Ge-
sundheit und Arbeitsmöglichkeiten sorgen kann und keinem zur Last
falle.[45]

Noch deutlicher machte er seiner Empörung in einem fiktiven Brief
des Jahres 1516 aus London Luft. Dieses Schreiben enthält eine ganze,
mit spitzer Feder geschriebene Autobiographie, in der er die Inhumanität
anprangert, die gerade darin bestehe, Männer öffentlicher Wirksamkeit
und Verantwortung mit religiösen Tabus zu belasten und sie so den Aggressionen der Ungebildeten schutzlos preiszugeben:

Christus ... provozierte ... mit Absicht einen Skandal mit den
Schriftgelehrten und Pharisäern, und hätte Paulus nicht dasselbe getan,
wo wäre jetzt das Christentum?

Was halten dem die törichten Menschen entgegen? Etwa: er hat das
linnene Kleid abgelegt? (d. h. das Ordensgewand) Wie wissen sie, ob er
es innerlich trägt? Und wenn er es tat, woher wissen sie, weshalb er es
tat? Woher wissen sie, auf welche Autorisierung hin er es tat? Wissen
sie es nicht, warum richten sie? Und wenn sie wissen, daß es auf Autori-
sierung durch den Papst geschah, warum scheuen sie sich nicht, das Ur-
teil des Papstes zu verurteilen, das sie sonst als unverletzlich angesehen
wissen wollen ... Wo bleibt die Menschlichkeit, wo das Gemeingefühl?
... Ein wahrer Mensch hat in solcher Situation Mitleid, fördert und hilft
vielmehr, wo er kann, und je bitterer das Übel, um so eifriger hilft er ...
Ist hier nicht höchste Unmenschlichkeit mit höchster Torheit und eben-
soviel Unverschämtheit verbunden? Auf jene fällt die Schande, und
doch wollen sie einen anderen schamrot machen ...[46]

Fraglos hatte Erasmus seine Hoffnung auf Entbindung vom Kloster
auf Leo X. gesetzt. Er hatte aber auch ein echtes Gefühl der Bewunderung für die geistig bewegliche und für Kunst und Bildung aufgeschlos-
sene Persönlichkeit des Mediceers: *Wenn überhaupt je ein Zeitalter gol-*
den war, besteht die Hoffnung, daß das unsere einst das goldene sein
wird. Denn dank Deiner überaus glückbringenden Vorsorge und Deiner
höchst heilsamen Ratschläge werden – so hoffe ich es noch zu erleben –
drei vorzügliche Güter für die Menschheit wiederhergestellt: die wahr-
haft christliche Frömmigkeit, die auf fast jede nur denkbare Art verfal-
len ist, die höchsten Künste, die seither zum Teil vernachlässigt, zum
Teil verkommen sind, und die dauerhafte politische Eintracht der christ-
lichen Welt, die die Quelle und Erzeugerin der Frömmigkeit wie der
Bildung ist.[47]

Er sollte auch in seinen persönlichen Erwartungen nicht enttäuscht
werden; seine englischen Freunde haben keinen geringen Anteil an dieser Befreiungsaktion. Während dreier kurzer England-Aufenthalte von
den Niederlanden aus (Mai 1515, August 1516, April 1517) sind die Bemühungen so weit gediehen: durch Vermittlung des königlich-englischen
Leibarztes Andrea Ammonio (dessen Söhne Erasmus in Italien als Studienberater betreut hatte) erhält Erasmus in zwei Breven und vor allem
in der «Absolution» vom 9. April 1517 die endgültige Lösung von den
Ordensgelübden.

War nun, so mag man fragen, dieses Ziel soviel jahrelange Doppel-

züngigkeit und soviel Taktik und Diplomatie wert? Wer so leicht darüber hinweggeht, und dem Charakter des Erasmus dafür Schwäche anla-
sten will, wer ihn einfach an Luther mißt, verkennt zweierlei: Was Jan
Hus in Konstanz widerfahren war, steckte den Theologen noch nach
hundert Jahren in den Knochen. Alle, die Kritik an den religiösen und
kirchlichen Verhältnissen übten, riskierten Ketzergericht und Scheiterhaufen; das galt immer noch, nun erst recht, nachdem man an Wyclif
und Hus erkannt hatte, daß die religiösen Erneuerungsbewegungen politischen Zündstoff enthielten. Die geistlichen Prediger waren gefährlich,
weil ihr Wort die Massen in Bewegung setzte. Der spätere Kardinal
Nikolaus von Kues hatte zwar auch Lehren geäußert, die keineswegs
unverdächtig waren, aber sie steckten verborgen vor der Öffentlichkeit
in tiefgelehrten Traktaten, die außerdem keine Verbreitung fanden, weil
sie noch nicht das Vehikel der Schwarzen Kunst gefunden hatten.

Das war anders, als Erasmus von Rotterdam schrieb. Nun war das
Schreiben selbst ein Medium geworden, hatte vielmehr ein Medium er-

halten, das alles zu einem öffentlichen Ereignis machte. Und Erasmus war der letzte, der der Versuchung widerstanden hätte zu publizieren. Für Reformäußerungen und Reformschriften gab es inzwischen einen Markt, so wie es einen Buchdruck und einen Buchhandel gab, die auf Manuskripte warteten. Um so mehr mußte man befürchten, daß aus einem noch so kleinen Feuerchen bald ein riesenhafter Brand werden könnte, der alles verzehren würde.

Wiederum war der Mann aus Rotterdam gewitzigt genug und hatte genug psychologische Einsicht, um zu wissen, daß das Exempel Hus die Mächtigen in der Kirche immer noch faszinierte, vielleicht um 1500 noch mehr, weil man die Gefährlichkeit der Verbreitung mit Hilfe des Buchdrucks einzusehen begann. Zwei Eigenschaften fehlten Erasmus, die bei Hus wie auch bei Luther ausgeprägt waren: die Leidenschaft des Märtyrers und der Starrsinn des Bekennens. Ein Glück für ihn, kann man sagen, und ein Glück für die Sache – konnte er doch so ein Leben lang sagen, was so manchem seiner Zeitgenossen zu seinen Lebzeiten noch Kopf und Kragen kostete.

Was der Feldhauptmann Georg von Frundsberg 1521 in Worms zu Luther sagte («Mönchlein, Mönchlein, Du gehst einen schweren Gang»), das hätte dem Augustiner Erasmus gelten können, als er entschlossen das Studieren und Schreiben dem Meditieren und Psalmodieren vorziehen, vor allem aber, als er die Unabhängigkeit jeder noch so bequemen Protektion vorziehen wollte. Der schwere Gang Luthers hatte sein Ende, als er sich in den Schutz des sächsischen Kurfürsten begab, der andere Augustiner blieb aufs Taktieren und Finassieren, manchmal sogar aufs Lavieren angewiesen, wollte er sich unter solchen Umständen die Freiheit des Wortes bewahren, ohne sein Leben leichtfertig aufs Spiel zu setzen. Lieber machte er sich mit humanistischen Allüren Freunde unter den Einflußreichen, um diese gegen die Ketzerriecher aufzubieten, ließ sich durch Prälaten und Päpste von Mönchsgelübden entbinden und bezeichnete zugleich diese Bindungen, wo immer er konnte, als unsittlich. Wer sich als Herkules in einen permanenten Kampf mit dem vielköpfigen Drachen Konvention einlassen wollte, tat eben «einen schweren Gang».

Wie wenig ihn das ostentative Bildungsgehabe der italienischen Prominenz, der Kurialen vor allem, dennoch in seinem Urteil einengte, hat er nach seiner Italien-Reise oft und mit unverblümter Deutlichkeit ausgesprochen. Mit dem Selbstbewußtsein dessen, der seinen eigenen Standort außerhalb jenes Italien gewonnen hatte, bestreitet er den Italienern das Recht, sich mit dem Ruhm der alten Römer auszustaffieren, weil sie doch eher die Nachkommen der Goten und anderer barbarischer Völker seien.[48] Die Artigkeiten im Briefwechsel mit Grimani und Campeggio[49] hindern ihn nicht, seinen nordischen Freunden gegenüber offen und kritisch auszusprechen, was er den Italienern zwischen den Zeilen nicht vorenthält. Was übrigens von diesen Artigkeiten zu halten ist, gibt die Tatsache zu erkennen, daß er Briefe mit fast gleichlautendem Text an verschiedene italienische Briefpartner verschickt (z. B. Kardinal Riario und Campeggio) als eine Art uniformer Höflichkeitsadressen. Das geschah schon in verhältnismäßig engem zeitlichem Abstand von seinem Italien-Aufenthalt. Je mehr Zeit verstrich und je lautstärker sich aus dem Süden ein Gemisch aus kirchlichen und humanistischen Vorwürfen ihm gegenüber bemerkbar machte, um so unverhohlener wurde seine Meinungsäußerung. Vor allem ist ihm die Wendung des Humanismus zu nationaler Romantik und zu sterilem Klassizismus verdächtig: *Was heißt heute schon römischer Bürger sein, wenn man sich vom Glanz der Worte nicht blenden läßt ... Schließlich ist Rom nicht Rom, da es nichts zu bieten hat als Trümmer und Schutt, die Narben und Spuren vergangenen Unheils.*[50]

Solch kritische Auseinandersetzung spitzt sich schließlich zu in teilweise sogar gereizter Kontroverse mit dem Italiener Petrus Cursius noch kurz vor dem Tode des Erasmus: *Er (Petrus Cursius) erklärt: «Ich glaube, da Du Dir die Überzeugung einmal gebildet hattest, Du hättest die lateinische Literatur ganz und gar selbst den Italienern entrissen und Deine Deutschen hätten außerdem die hervorragende Leistung im Kriege Italien weggeholt, versuchtest Du sie nun auch der Nachwelt aufzuschwätzen.» Das nennt man eine höchst böswillige Interpretation, trotzdem konnte ich mich beim Lesen vor Lachen kaum halten. Ich habe mich nie darum gekümmert, welche Nation etwa an Kriegsruhm an erster Stelle stände. Ich möchte wünschen, daß die Schweiz und Deutschland weniger kriegerisch wären als früher. Immerhin wird dieses schon umgänglicher, seit ein Austausch der Studien in Gang gekommen ist. Soweit es sich um die Bildung handelt, so habe ich von den Fähigkeiten der Italiener immer hoch gedacht und sie ehrenvoll hervorgehoben. Ich habe meine eigenen literarischen Kleinigkeiten nie so überschätzt, daß ich ihretwegen irgendeinen deutschen Autor verachtet hätte, und ich gebe gern zu, daß alles, was ich geschrieben habe, höchst mittelmäßig ist. So wenig steht mir der Sinn danach, anzunehmen, ich hätte Italien die lateinische Literatur entrissen. Wenn es schon keinen philosophischen Geist verrät, sich für irgendeine Nation engagiert zu fühlen oder gegen irgendeine Nation vom Leder zu ziehen, da es nun einmal kein Volk gibt, das nicht aus guten und schlechten Eigenschaften zusammengesetzt wäre, muß ich sagen, daß ich von früher Jugend an keiner mehr zugetan war als der italienischen. Diese Zuneigung aber hat in mir keine andere Erwägung hervorgebracht als die Bewunderung für Fähigkeiten und Bildung ... Abgesehen von den landschaftlichen Vorzügen gefiel mir die Einfachheit jenes Volkes so sehr, seine Nüchternheit, Höflichkeit, sein Glanz und seine Humanität, daß ich entschlossen war, mich in Rom niederzulassen und dort wie in einem gemeinsamen Vaterland den Lebensabend zu verbringen. Ich hätte das tatsächlich getan, wenn man mir nicht goldene Berge versprochen und mich nach England nicht mehr zurück g e z o g e n als gerufen hätte.*[51]

Erasmus stilisiert seinen römischen Aufenthalt hier aus der verklärenden Rückschau, auch wohl, um seine Kritik an Italien gegenüber den römischen Freunden etwas abzuschwächen. Tatsächlich hat er ernstlich kaum je daran gedacht, in Rom zu bleiben. Das hätte seiner damals schon sehr bewußten Ablehnung des Paganismus (der äußerlich-lauten «Religiosität»), der Grausamkeit, des Aberglaubens und der Unbildung der Masse auch keineswegs entsprochen.

Als Erasmus sich schon für immer auch von England abgewandt hatte, erreichten ihn im Mai 1516 zwei Briefe Papst Leos X., die ihn nach Rom einluden. *Wenn diese Briefe,* erwiderte er, *mich erreicht hätten, als ich noch in Basel war, hätte mich nichts davon abhalten können, mich zu den Füßen Ihrer Heiligkeit zu begeben.*[52] Das war pure Höflichkeit in der höfisch-kurialem Stil angemessenen, von Erasmus oft genug mit übertreibender Ironie angewandten Form; denn er dachte nicht daran, auch wenn er nun seine Verbindlichkeiten gegenüber Karl V. in den Niederlanden vorschützte, dessen Hofrat er gerade geworden war (ein Titularhofrat, von dem eine Widmung erwartet wurde). Die Frage, was *die gesegneten Füße seiner Heiligkeit* getan oder unterlassen hätten, wenn Erasmus an Stelle von Silvestro Prierias und Johannes Eck an der Seite des Papstes gewesen wäre, nachdem Luther seine Thesen formuliert hatte, ist eine interessante, aber müßige Frage angesichts des von Erasmus selbst beliebten Irrealis.[53]

Vor Antritt seiner Italien-Reise hatte Erasmus an Erzbischof Warham geschrieben, daß England Kenner beider Sprachen habe, die *in jeder Art Gelehrsamkeit sogar die Bewunderung von ganz Italien verdienen*[54]. In seinem Brief an Riario erklärte er am 15. Mai 1515, er sei der Einladung William Blounts nach England gefolgt, weil er ihm dort *volle Muße und Freiheit, leben zu dürfen, wie ich will,* verheißen habe; denn *das liebe ich so, daß ich ohne diese Freiheit das Leben für kein Leben achte*[55].

Sollte das nun alles sein, was Italien Erasmus mitzuteilen hatte? Erzbischof Warham mochte guten Grund haben, zunächst anzunehmen, daß «der überragende Gelehrte Erasmus, der Stern seines Zeitalters, obwohl er in Frankreich, Deutschland oder Italien ein Leben im Überfluß hätte führen können, sich für ein Leben unter englischen Freunden bis zum Ende seiner Tage entschieden hätte»[56].

Dennoch hatte er Italien anderes und Wichtigeres zu danken, als er in seinen Briefen an die kuriale Prominenz erwähnte: die genauere und bestimmtere Einsicht in seine zentralen pädagogischen, politischen und religiösen Themen. Angesichts einer von chaotischem Geltungsdrang, von elitärem Bildungsgehabe und religiöser Veräußerlichung erfüllten Wirklichkeit vermochte er seinen Standort noch präziser zu formulieren, als ihm das vorher möglich gewesen war. Die nun erst zu geschliffenen zeitkritischen Essays ausgeformten *Adagia* (besonders *Herculei labores, Sileni Alcibiadis, Dulce bellum*) beweisen es. Italien hatte nicht nur anregend gewirkt für den Umfang seiner sprachlichen und literarischen Präsenz – er hatte sein Griechisch zu vollendeter Reife ausgebildet –, es hatte den scharfen Beobachter auch gelehrt, mit spielerischer Eleganz die tiefsten und heikelsten Dinge auszusagen. Die Torheiten eines von Aberglauben und Aggressionen aller Art verwirrten Lebens in dem politisch zerrissenen Italien hatten ihn mit der Rolle der Torheit im menschlichen Leben auf eine unwiderstehliche Art konfrontiert. Auf der Rückreise aus Italien, auf dem Wege in sein geliebtes England wurde das weltläufige *Lob der Torheit* geboren.

William Warham. Zeichnung von Hans Holbein d. J., 1517. Windsor Castle

Selbstbildnis eines Zeitalters

Der Narr war schon eine Symbolfigur der Gotik gewesen. In ihr spielte die Eitelkeit des menschlichen Daseins vor Gott ein makaberes Spiel. Die völlige Unzulänglichkeit des Menschlichen paradierte in der Narrheit, und so wurde sie eine literarische Gestalt bei Thomas Murner, bei Sebastian Brant und vor allem in den Predigten des Geiler von Kaysersberg über Brants Narrenschiff. Auch das «Narrenschneiden» des Hans Sachs gilt noch dieser Bloßstellung des Menschlichen. Dennoch beginnt hier schon der närrische Mensch sein eigenes Spiel zu machen, verblaßt die finstere Richterfigur Gottes im Hintergrund. Der Narr wird zu einem Attribut des Lebens schlechthin, und die Narrheit wird das Salz des Lebens – wie später bei Shakespeare. Der Renaissance-Narr, die Narrheit des Humanismus hat andere, bei aller Satire konziliantere Züge.

Was töricht ist im menschlichen Leben, davon hatte Erasmus unter ungebildeten Mönchen, pedantischen Kathedergrößen und anmaßenden adeligen Dummköpfen schon zahllose Beispiele erlebt. Italien hat ihm enthüllt, mit wieviel Dummheit und Machtwahn die Kirche regiert und die Frömmigkeit pervertiert wird. Was Luther zu Tränen der Empörung brachte, erregte in Erasmus ein geradezu olympisches Gelächter. Noch als junger Mann hatte er (am 16. März?) 1501 an Anton von Bergen geschrieben: *Mir gefällt es, da einzutreten, wohin mich der göttliche Hieronymus mit der herrlichen Schar so vieler Alten ruft. Mit diesen Männern ... will ich lieber ein Narr sein als mit dem Volk der modernen Theologen ein noch so berühmter Weiser.*[57] Auf der Reise

51

nach England drängten ihn die italienischen Erfahrungen zu einer Art Summe seines bisherigen Lebens und Schaffens, wenn man will auch zu einem Programm. Nur gab sich dieses Programm so launig, daß man ihm ernste Absichten beim ersten Blick kaum unterstellen konnte.

Inzwischen hatte er ja mit den Hochburgen des Wissens und der Gelehrsamkeit Bekanntschaft gemacht, hatte in Paris die zünftige Theologie genossen und jetzt in Italien an der vielgerühmten Quelle antiker Philosophie, Dichtung und Lebenskultur verweilen dürfen. Mußte es nicht als ein gewagter Scherz erscheinen, daß er das Resümee seiner geistigen Wanderschaft gerade jetzt als *Lob der Torheit* niederschrieb?

«Stultifera Navis» (Das Narrenschiff) von Sebastian Brant. Basel 1498

Stultifera Nauis

Narragonice pfectōnis nūcꝗ

satis laudata Nauis:per Sebastianū Brant:vernaculo vul=
gariꞔ sermone & rhythmo / ꝓ cūctoꝛ mortaliū fatuitatis
semitas effugere cupiētiū directione/speculo/cōmodoꞔ &
salute:proꞔ inertis ignaueꞔ stultitię ꝑpetua infamia/exe=
cratione/& confutatione/nuꝑ fabricata: Atꞔ iamprídem
per Iacobum Locher/cognoměto Philomusum:Sueuū in
latínū traducta eloquiū: & per Sebastianū Brant : denuo
seduloꞔ reuisa/& noua quadā exactaꞔ emēdatōe elimata
atꞔ supadditis qbusdā nouis/admíradisꞔ fatuoꝛ generi=
bus suppleta:foelici exorditur princípio.

.1498.

Nihil sine causa.
.Io.de Olpe.

Er widmete das Buch dem bedeutend jüngeren Thomas Morus, *dessen Genius so groß war, wie England nie einen hatte.* Keiner seiner englischen Freunde stand ihm näher und mit keiner Familie des Landes war Erasmus inniger verbunden als mit der des Morus. *Was hat die Natur je Milderes, Lieblicheres oder Glücklicheres geformt als das Genie des Thomas Morus?* [58] Die politische Lebenslehre des Erasmus ist eng verwandt mit den Anschauungen des Thomas Morus. So wie Morus mit seiner kunstvoll profanierten «Utopia» das politische Versagen des Christentums bloßstellte, pointiert Erasmus in seinen politischen Äußerungen immer wieder den humanen Erkenntnisgewinn der heidnisch-antiken, politischen Theorie einerseits und die empörenden Verstöße gerade einer christlich etikettierten Politik gegen die Grundgesetze der Humanität (und der baren Lebensklugheit) andererseits.

Im Landhaus seines Freundes Thomas Morus erhielt das auf dem Ritt über die Alpen konzipierte *Lob der Torheit* seine endgültige Gestalt. Auf dessen Namen und Wesen zielte nach einem Hinweis im Widmungsbrief auch der Titel *Moria.* War doch die stilistische Verspieltheit und ironische Hintergründigkeit des Ganzen mitgeprägt von jenem altgriechischen Spötter Lukian, den beide schon vor Antritt der Reise des Erasmus gemeinsam studiert und übersetzt hatten.

Die Torheit inszeniert sich selbst in dieser Laudatio. Nach überliefertem Stilmuster der Rhetorik läßt Erasmus sie vom Katheder herab – Holbein hat die Szene in einer seiner großartigen Randzeichnungen zu diesem Werk illustriert – ihr Eigenlob verkünden. Folgerichtig nimmt sie eingangs kein Blatt vor den Mund, wenn es gilt, zu demonstrieren, was sie den Menschen wert ist, wie lebensnotwendig sie ist: *Wird jemand einen andern lieben, der sich selbst haßt? Gibt es Übereinstimmung mit dem andern, wo man sich selbst im Wege ist? Kann man einem andern Vergnügen bereiten, wenn man sich selbst hinderlich und beschwerlich ist? Das wird niemand behaupten, wenn er nicht selbst ein Ausbund von Torheit ist. Wo man mich ausschließt, wird keiner den andern ausstehen und muß man sich selbst zur Last fallen; abscheulich erscheint einem, was er an sich hat, und die eigene Person ist ihm verhaßt. Die Natur, die in manchen Dingen mehr Stiefmutter als Mutter ist, hat nun einmal die Menschen, vor allem beweglichere Charaktere, so geschaffen, daß sie ihrer selbst leicht überdrüssig werden und das Fremde bewundern. Woher kommt es denn, daß alle Talente, aller Geschmack und Glanz des Lebens verderben und schwinden? Was nützt schon die Gestalt, die vorzüglichste Gabe der unsterblichen Götter, wenn sie in Fäulnis übergeht? Wozu haben wir die Jugend, wenn sie vom Trübsinn des Alters entstellt wird? Was willst du denn in den verschiedenen Lagen des Lebens selbst oder bei anderen mit Schicklichkeit erreichen – die Schicklichkeit deines Tuns ist nicht nur in der Kunst, sondern auch im täglichen Leben der Maßstab jedes Handelns –, wenn dir nicht die Eigenliebe zur Seite steht, die ich mit Fug und Recht als Schwester betrachte. So nachdrücklich verficht die überall meine Sache. Könnte es auch eine größere Torheit geben als die Selbstgefälligkeit und die Selbstbeweihräucherung? Was könnte andererseits geschmackvoll, liebenswert oder schicklich an deinem Tun sein, wenn du dir selbst mißfielest? Nimm dem Leben diese seine Würze, und der Redner wird kalt lassen mit seinen Worten, der Musiker wird mit seinen Weisen keinen Beifall ernten, der Schauspieler wird ausgezischt mit seinen Gebärden, der Dichter ruft mit seinen Werken Gelächter hervor, der Maler stößt mit seinem Bild auf Ablehnung, und der Arzt hungert inmitten seiner Salben . . . es muß jeder ohne Ausnahme sich selbst schmeicheln und gewissermaßen sein eigenes Lob singen, ehe er anderen genehm ist. Schließlich hängt das Glück ja zum großen Teil davon ab, daß du innerlich zu dir ja sagst . . .*[59]

Die Torheit singt ihr eigenes Lob, aber sie singt es dem Menschen ebenso sehr zum Trost und zur Selbstbestätigung wie Erasmus sie es singen läßt, um die Torheit der Menschen bloßzustellen. Das ist die Humanität, der Humanismus dieses Niederländers, daß er den Menschen zu seinem Ja zu sich selbst nicht weniger ermutigt als argwöhnisch macht. Er weiß aus bitterer Selbsterfahrung nur zu gut, daß die Natur eben auch eine Stiefmutter ist, daß sie den Menschen schwermütig macht, würde er nicht in sich selbst diese zweischneidige Eigenliebe aufbauen, würde er nicht zu sich selbst mutig Ja sagen auf die Gefahr hin, sich damit lächerlich zu machen.

Auch darin ist Erasmus nichts weniger als «Humanist», daß er das gesunde und lebensnotwendige Selbstgefühl pragmatisch begründet und philosophisch in Zweifel zieht. So ungeheuer viel er von der Bildung hält, er traut ihr noch lange nicht alles zu.

Hier durchbricht er den gotischen Blickfang der Narrheit, zählt er

ERASMVS ROTERODAMVS THOMAE MORO SVO S.D.

Vperiotibus diebus cum me ex Italia in Angliā re/ ciperem,ne totum hoc té/ pus , quo equo fuit infi/ ndū , ἀμούσοισ & illiteratis fabulis te/ retur : malui mecū aliquoties uel de mmunibus ftudijs noftris aliquid itare:uel amicorum (quos hic ut do/ ſſimos,ita & ſuauiſſimos reliquerā) cordatione frui.Inter hos tu mi Mo uel in primis occurrebas.Cuius equi m abſentis abſens memoria,nō ali/ frui ſolebam, ꝗ praeſentis praeſens nſuetudine conſueueram: qua diſpe m,ſiquid unꝗ in uita contigit mel/ us.Ergo quoniam omnino aliquid endū duxi, & id tempus ad feriam mmétationem parum uidebatur ac modatū,uiſum eſt Moriae encomi/ ludere . Quae Pallas iſtuc tibi miſit métem inquies? Primū admonuit e Mori cognomen tibi gétile, quod/ n ad Moriae uocabulum accedit, ꝗ es ipſe

Μωρίας ἐγ/ κώμιον.i.
Moriae en comiū ſme pia ſtulticiā ſignificat, & ἐγκώμιον ſcriptū alt qd², in alicui² laudē cō poſitū,ut Lucian² ſcri pſit encomium Demo ſthenis. Et laudatoriū gen²Graeci uocāt enco miaſticū. Et ἐγκώμιά ζω,eſt laudes alicuius ordē,ꝓſeq.Differt aūt encomiū ab hymno, ut ſcribit Hammoni²: Hymnus nāꝗ eſt deo rum,Encomiū aūt ho minum. ἀμούσοισ) ἄμουσα,uocant inele/ gātia,parumꝗ docta: uelut a muſis aliena. Agitare) eſt aliquid in animo uoluere. Diſ/ pereā) deierantis eſt ſicut emoriar. Horati² Diſpereā ni optimum erat. Cōmentationē) Cōmentatio eſt agita/ tio ingenij. Quae pal las) Alluſit ad Home/ rū, qui ſubinde indu/ cit Palladem hoc: aut illud,in animū mitten tem Vlyſſi,aut Penelo pe, cum non apparet alioꝗ cauſa,cur illi hoc in mentem uenire de/ buerit,ut cum alibi,tū

lyſſea.φ. τῇ δ᾿ἄζ᾿ἐπὶ φρεσὶ θῆκε διὰ γλαυκῶπις Ἀθήνη.i. Huic autem in ntem miſit Dea glauca Minerua. Mori cognomē) Vulgo maurū uo/ t morum. At Graecis morus ſtultum ſignificat. Gentile) .i. Gētilicium
A 2   hoc eſt

Widmung an Thomas Morus auf der ersten Seite des «Lob der Narrheit».
Basel 1515

im Gewande der Torheit gute Gründe auf für ihre Lebensnotwendigkeit, für ihren gesunden Anteil am Selbstwert des Menschen. Auch dies ist erasmischer «Humanismus», daß er von der totalen Erniedrigung des Menschen ebensowenig hält wie von der entweder scholastisch oder klassizistisch kostümierten Hybris.

Bis dahin spiegelt sich im ironischen Lob die Selbstgefälligkeit und Anmaßung eines säkularen Menschenbildes, ganz gleich, ob es nun die machtbesessene Geste des Politikers oder der intellektuelle Hochmut des Theologen ist. Schließlich aber geht die Ironie in jene «tiefere

«Die Narrheit steigt vom Katheder». Randzeichnung von Hans Holbein d. J. Feder, 1515/16. Basel, Öffentliche Kunstsammlung

Skepsis» über, die nach einem Wort Kierkegaards dem Humor eigentümlich ist, wird die Endlichkeit (nach Jean Paul) unter dem Maß der Unendlichkeit vernichtet. Es wird jene «Torheit» sichtbar, die «ihre Ruhe nicht darin findet, den Menschen zum Menschen zu machen, sondern den Menschen zum Gottmenschen zu machen»[60]. Die paulinische «Torheit des Kreuzes», Torheit als Grundbedingung christlicher Verwirklichung überhaupt ist dieser närrischen Weisheit letzter Schluß. Fern der «Philosophia Christi», der Weisheit des Evangeliums, ist der menschliche Geist der lächerlichen Alternative von Unbildung und Wissenschaft ausgeliefert. Intellektualismus so gut wie Bildungsfeindlichkeit vermögen sich zuletzt dem Bann der Lächerlichkeit nicht zu entziehen. Nur die in der Weisheit des Sokrates («Ich weiß, daß ich nichts weiß») vollendete Torheit kann dem Anspruch der Bildung sowohl wie des Lebens genügen. Das ist nämlich die entscheidende Nuance bei Erasmus gegenüber Kierkegaard wie gegenüber Luther, daß wer die Torheit radikal ausmerzen will, auch das Leben zerstört. Sie ist ein Ingrediens des Lebens und hat auf eine wenn auch höchst widersprüchliche Weise Anteil am Stehvermögen des Menschen.

Es war nicht die alte Kirche allein, aus deren Mitte dann bald das unheilstiftende Wort von den «Eiern, die Erasmus gelegt und Luther ausgebrütet hat»[61] gegen Erasmus aufkam, hervorgerufen vor allem durch das *Lob der Torheit*, auch Luther blieb unempfindlich gegen die hochgemute Absicht: «Da Erasmus seine ‹Moria› schrieb, hat er eine Tochter gezeugt, die seiner wert ist. Es ziemte dem wortwendigen Vertumnus [Gott der Wandelbarkeit], so seine Schwänze zu ringeln und als ein Narr eine Närrin zu zeugen.»[62]

Die tiefreligiöse Berufung auf das «Außer-sich-sein vor Liebe», auf die «Eselsgestalt» des Menschen und gegen das «Löwenfell» der Bildung hat Luther so wenig verstanden wie die eifernden Gralshüter der alten Kirche. Es ist, als ob das bald veränderte Echo zum *Lob der Torheit* den Umbruch im Denken sichtbar mache. Das manchmal breit behagliche und manchmal spöttisch zwinkernde Lachen im *Lob der Torheit* steht so hart an der Wende der Zeiten, daß es fast wie Nachgesang und dann wieder wie das Vorspiel einer noch weit vorausliegenden aufgeklärten Zeit anmutet.

So fühlte Erasmus sich zu seinem ärgsten Verdruß immer häufiger genötigt, das *Lob der Torheit* zu verteidigen, gleichsam ein Liebesmadrigal mit einer Gebrauchsanweisung zu versehen:

So habe ich mir selbst vorgenommen, meine Veröffentlichungen grundsätzlich von Gehässigkeit und Aggressivität freizuhalten und sie nicht mit dem Namen irgendeiner Bosheit zu beflecken. Auf nichts anderes waren wir deshalb in der Moria mehr aus als auch in den anderen kleinen Schriften, wenn auch auf eine andere Art. Im Enchiridion haben wir einfach die Grundform christlichen Lebenswandels bekräftigt. In dem Büchlein über die Erziehung des Fürsten erinnern wir ganz offen dran, in welchen Fragen ein Fürst unterwiesen werden müßte. In dem Panegyrikus haben wir genau dasselbe, was wir dort geradeheraus darstellen, lediglich unter dem Vorwand einer Lobschrift hinter einer literarischen Maskerade versteckt. In der Moria ist in der Form des literarischen Spiels von nichts anderem die Rede als im Enchiridion. Wir hatten die Absicht zu ermahnen und wollten nicht bissig werden, wir wollten nützen, nicht verletzen, für ein besseres Verhalten unter den Menschen sorgen, nicht das Verhalten der Menschen verschlimmern. Platon, dieser so ernsthafte Philosoph, heißt bei Gelagen ausgiebigen Zutrunk gut, weil er der Meinung ist, gewisse schlimme Triebe, die mit Strenge nicht beseitigt werden könnten, müsse man durch den erheiternden Genuß des Weines überspielen.[63]

In diesen unseren Veröffentlichungen ist offenbar einiges enthalten, was nicht der Charakterbildung dient, sondern nur zum Lachen reizt. Ich glaube aber, daß man es nicht übel nehmen soll, wenn man mit Lachen gelegentlich den von Sorgen belasteten Geist entspannt, wobei das Lachen allerdings begründet und großmütig sein soll. Solche Gegenstände erheitern und erquicken junge Leute und tragen nicht wenig dazu bei, das Leben freundlich und die Rede angenehm zu machen, schreibt Erasmus am 26. Februar 1531 in seiner Widmung der Schrift *De pueris instituendis* an den Herzog Wilhelm von Jülich-Kleve.[64] Einst hatte der streng kirchentreue Elsässer Freund Jakob Wimpfeling den Druck des *Enkomion* besorgt. Nun und erst recht in den folgenden Jahrhunderten blieb das *Enkomion* in seinem dem *Enchiridion* so verwandten religiösen Tiefsinn unverstanden. Die Nachwelt nahm bis heute kaum Notiz davon, nur von seinen formalen literarischen Qualitäten.

Das *Lob der Torheit* war nach altüberliefertem Rhetorikrezept eine Stilübung im literarischen Genus der sogenannten Enkomiastik, aber eine parodistische, mit Persiflage bis zum Bersten aufgeladene. Nebenher schrieb Erasmus ein *Encomium Matrimonii*, ein *Encomium artis medicinae*, die nichts abbekamen vom parodistischen Salböl, ebensowenig wie die Deklamationen *Declamatio de morte* und *Declamatio de pueris.* Später erzählt Erasmus, er habe ursprünglich sogar die Absicht gehabt, nach dem *Lob der Torheit* noch ein *Lob der Natur* und ein *Lob der Gnade* zu schreiben, die Absicht aber aufgegeben. Vielleicht hatte er tatsächlich einmal diese Absicht, wichtiger aber ist das Argument, mit dem er den Verzicht auf die Ausführung begründet: die *morositas,* die Humorlosigkeit gewisser Leute, habe ihm die Lust genommen, also genau das, was er an der späteren tierisch-ernsten und doch so oberflächlichen Reaktion seiner Zeitgenossen gegenüber dem *Lob der Torheit* auszusetzen hatte. Was sollte er schließlich anderes sagen und tun, wo die Altkirchlichen ihm ganz zuletzt doch seine immanente Kritik an der Kirche, die puritanischen Reformatoren aber seine vermeintliche Leichtfertigkeit übelnahmen?

Es gehört zum besonderen Reiz dieses Werkes, daß hier der Stilbruch zum Prinzip wird und das «Lob» zur Satire voll beißenden Hohnes. Unter der selbstkritisch vorgehaltenen Maske der Torheit, als Abschweifung von der Sache eingestreut in ihr bombastisches Geschwätz, vernimmt der Leser, was er eigentlich nicht vernehmen dürfte, stehen die argwöhnischen Gegner des Erasmus ohnmächtig einem sich beflissen literarisch gebenden Schaukelspiel gegenüber. Da sollte nur einer sagen, bei solch trickreichem Versteckspiel, diese oder jene sei eindeutig seine, des Erasmus Meinung! Was die Autoren der «Dunkelmännerbriefe» einige Jahre später in mehr breughlisch-niederländischer Manier ergötzlich schilderten, hatte hier sein facettenreiches Vorspiel gefunden – eine Satire, die man als solche keineswegs mühelos identifizieren sollte, die sich gerade den Mühsam-Beflissenen als solche verbergen und diejenigen lächerlich machen sollte, die ihre Absicht nicht recht erkannten.

Das tiefsinnig-christliche Schlußkapitel aber mit seiner «törichten» Interpretation des Evangeliums mußte beide Funktionen erfüllen, es sollte die Dumm-Argwöhnischen einschläfern und den beharrlichen Reformern eine willkommene Chiffre sein. Alle Fraktionen haben es endlich doch gemerkt, die Sachwalter der Inquisition, die mit Recht hier revolutionäre Impulse entdeckten, die Reformatoren, die bitterernst die Ironie des Autors verpönten, und die reformatorischen Nonkonformisten wie Sebastian Franck, der dieses Enkomion als einer der ersten ins Deutsche übersetzte. Die römischen Ästheten aber wie Leo X., Riario, Grimani und Campeggio hatten vor lauter Freude an dem Feuerwerk erst gar nicht den Zündstoff erkannt.

Angesichts späterer Äußerungen des Verfassers fragen wir uns, ob die Art des Echos in der Öffentlichkeit ihm wirklich die Freude an dem Werk vergällt hat. Das *Lob der Torheit* gehört sicher zu jener *frivolen Philosophie* [65], zu der er sich Budé gegenüber bekannte, andererseits wurde es manchmal beschwerlich, für den Ruhm dieser «Philosophie» geradezustehen: *Um es offen zu sagen, die Herausgabe des «Lobes der Torheit» reut mich beinahe. Das Büchlein hat mich vielfach berühmt gemacht, oder, wenn du lieber willst, berüchtigt. Doch ich mag keinen Ruhm, der halb Neid ist. Indessen, was ist das, was man gemeinhin Ruhm nennt anderes als eine Leerformel aus dem Heidentum? Derartige Überbleibsel stecken manche im Christentum, zum Beispiel wenn man hier den hinterlassenen Ruf Unsterblichkeit und wissenschaftliche An-*

strengungen tugendhaft nennt.[66] Ernsthafter wurden seine Zweifel an dem Wert dieses Werkes schon, obgleich nicht entscheidend, wenn er späterhin gelegentlich zu bemerken glaubte, daß die *frivole Philosophie* viel Verstimmung und Streit hervorgerufen habe. Daß das *Lob der Torheit* Kampfhähne des religiösen Streites beflügeln könnte, war ihm wirklich unbehaglich und sicher auch nicht im Sinne dieses «Lobes» selbst. Doch aller Mißmut über solche Beobachtungen hat ihn nie veranlaßt zu widerrufen, was so sehr Ausdruck seines Wesens und seiner Überzeugungen ist.

Auch ein Plädoyer für Souveränität

Erasmus blieb seinem vom *Lob der Torheit* erheiterten Publikum den bohrenden Ernst nicht schuldig. Was er mit dem *Enchiridion* begonnen hatte, sollte keine Sonntagspredigt bleiben. In einer unerhörten Anstrengung zusammen mit dem Basler Drucker Johannes Froben brachte er 1516 die griechische Ausgabe des Neuen Testaments, das *Novum Instrumentum,* heraus. Das geschah immerhin noch vier Jahre bevor die päpstliche Genehmigung für die «Polyglotte» seines spanischen Freundes Jiménez Cisneros erteilt wurde.

Hier war der Urtext des Evangeliums mit philologischer Akribie revidiert und allen zugänglich gemacht, auch und gerade den von Erasmus wiederholt so dringend erwarteten Übersetzern in die Volkssprachen. Statt zu einer ungeprüft und unanfechtbar konservierten lateinischen Vulgata konnte nun jedermann im Sinne der philologischen Forderungen ad fontes gehen. Damit aber potentielle Übersetzer und alle interessierten Leser das «Instrument» zu nutzen verstünden, versah Erasmus seine Ausgabe mit *Annotationes* (Anmerkungen), die die Selbständigkeit und Kühnheit seiner Textherstellung noch unterstrichen, die aber auch die Angriffslust der theologischen Autoritäten noch verschärften. Er mußte sich fortan durch zwei Jahrzehnte eine nicht abreißende Kette von Apologien zumuten, im Streit mit jenen Widersachern. Das hinderte ihn aber nicht, mit Einführungsschriften, vor allem aber mit *Paraphrasen* jedermanns Verständnis bei der Lektüre der Hl. Schrift zu fördern. Er versäumte keine Gelegenheit, zu betonen, daß er *das Wort Gottes gern in den Händen des Bauern, des Matrosen, des Reisenden und des Türken sehen würde* [67]. Die Paraphrasen hatte er so deutlich und anstößig wie nur möglich *den Bauern, den Matrosen, den Maurern, Prostituierten, Kupplern und Türken* zugedacht.

Auch die Editionen der Väter der Alten Kirche, die nun bis an sein Lebensende folgten, dienen dieser Aufgabe: einem möglichst breiten Leserpublikum alles an die Hand zu geben, was es befähigen könnte, sich selbständig mit dem Wort der Schrift auseinanderzusetzen. Seine Gegner sahen wohl, daß hier dem Laien das Rüstzeug bereitgestellt wurde, sich von den Autoritäten der Amtskirche weitgehend zu emanzipieren.

Das lag entschieden auf der Linie seines *Enchiridion* und übersetzte

NOVVM IN

ſtrumentũ omne, diligenter ab ERASMO ROTERODA MO
recognitum & emendatum, nõ ſolum ad græcam ueritatem, ue-
rum etiam ad multorum utriuſq; linguæ codicum, eorumq; ue-
terum ſimul & emendatorum fidem, poſtremo ad pro-
batiſſimorum autorum citationem, emendationem
& interpretationem, præcipue, Origenis, Chry
ſoſtomi, Cyrilli, Vulgarij, Hieronymi, Cy-
priani, Ambroſij, Hilarij, Auguſti/
ni, una cũ Annotationibus, quæ
lectorem doceant, quid qua
ratione mutatum ſit.
Quiſquis igitur
amas ue-
ram
Theolo/
giam, lege, cogno
ſce, ac deinde iudica.
Neq; ſtatim offendere, ſi
quid mutatum offenderis, ſed
expende, num in melius mutatum ſit.

**APVD INCLYTAM
GERMANIAE BASILAEAM.**

**CVM PRIVILEGIO
MAXIMILIANI CAESARIS AVGVSTI,
NE QVIS ALIVS IN SACRA ROMA-
NI IMPERII DITIONE, IN TRA QVATV
OR ANNOS EXCVDAT, AVT ALIBI
EXCVSVM IMPORTET.**

*«Novum Instrumentum».
Titelblatt
der Erstausgabe 1516
bei Johannes Froben*

die geistvolle Polemik des *Lob der Torheit* in Handlungsanweisung: der
souveräne Christ lag in der Perspektive dieser Bemühungen. Die Souveränität aber, die dem Christen für sein Frömmigkeitsleben so auferlegt
war, durfte dem Bürger nicht erspart bleiben und nicht vorenthalten
sein. Während die offizielle Staatsrechtslehre der Zeit Souveränität zu
einem Privileg der Fürsten machte, entfaltete Erasmus Elemente eines
Souveränitätsbegriffs, der aus der Kritik dieser neu aufkommenden
Souveränitätslehre erwuchs. Mit seiner *Fürstenerziehung* desselben Jahres 1516 nötigte er sein Publikum, das regierende nicht weniger als das
regierte, die politischen Konsequenzen zu bedenken, die jene «evangelische» Inventur verlangte.

Erasmus hatte sich mit politischer Literatur kaum beschäftigt, aber
seine Erfahrungen und Einblicke waren vielfältig und reich, als er 1508
in den *Adagiorum Chiliades* seinen Essay *Dulce bellum inexpertis*

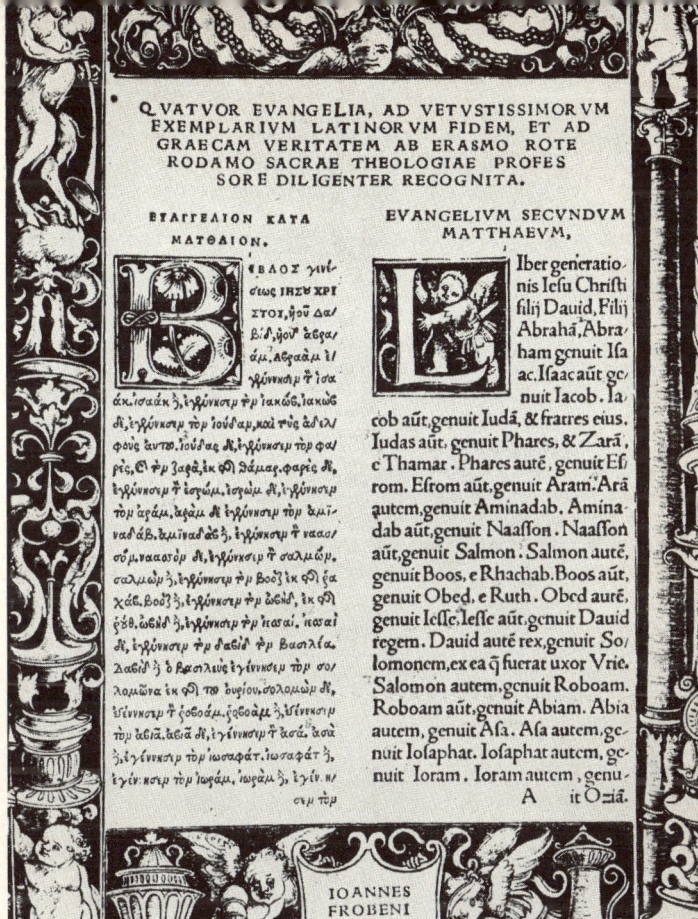

*«Quatuor Evangelia»: der Anfang des Matthäus-Evangeliums,
griechisch und lateinisch*

(*Verlockend ist der Krieg für den, der ihn noch nicht am eigenen Leib
erfahren hat*) veröffentlichte.

In der Revue närrischer Selbstgefälligkeit (im *Lob der Torheit*) hatten
die Politiker eine Paraderolle übernehmen müssen. Seither hatte er genug gelacht und gehöhnt (im *Julius exclusus e coelis*), die Politik
hatte zu ernste und schmerzliche Folgen, als daß der Hohn genügen
durfte. So paarte sich in den *Adagia* schneidender Hohn mit dem unerbittli-

chen Ernst des politischen Publizisten und Anwalts für Frieden und Fortschritt.

So gern und oft der politisierende Erasmus seinen Platon zitiert (und seinen Cicero), s e i n Problem ist nicht, wie man aus Philosophen Könige macht, sondern wie man künftige Regenten – und eigentlich sind alle Menschen potentielle Regenten – mit «philosophischem» Geist erfüllt. Insofern ist das Ganze für Erasmus ein allgemein pädagogisches Problem. «Philosophischer» Geist aber ist nach seiner Meinung schlicht gleichbedeutend mit einem im Sinne vollausgereifter Menschlichkeit entwickelten Reflexionsvermögen.

Wenn man meint, erst die politische Philosophie des 17. Jahrhunderts habe politisches und theologisches Denken getrennt, verkennt man auf zwei völlig verschiedenen Ebenen die Leistungen sowohl des Machiavelli wie auch des Erasmus. Auch dieser hat höchst pragmatisch (wie sein Freund Thomas Morus) eine Staatsauffassung entwickelt, in der die theologischen Bezüge «aufgesetzt» sind, das heißt, er hat das staatliche Leben und die politischen Maximen in der Perspektive eines zunächst auf Zweckmäßigkeit, Wohlfahrt und Wohlwollen (Humanität) projektierten Staates entwickelt und so ähnlich wie Morus, nur geradliniger, die entsprechend höhere Verantwortung eines Christen demonstriert. Machiavellis «Enthaltung» von der Theologie war dagegen entschieden säkularistisch-elitär gemeint, und die des Morus indirekte Kritik am sogenannten «Christlichen Staat».

Was offenbar an Heinrich VIII. mißlungen war, das, meinte Erasmus, sollte eigentlich unter so viel günstigeren Umständen an dem jungen Karl von Burgund, dem späteren Karl V., mit mehr Aussicht auf Erfolg versucht werden. So faßte er denn, zur gleichen Zeit, als Niccolò Machiavelli in Florenz seine Rechtfertigung absoluter Fürstengewalt und rüder Staatsräson schrieb, alle bisher in Briefen und anderswo geäußerten Gedanken zur Politik zusammen. Die *Institutio principis christiani* von 1516 wurde das völlige Gegenstück zu Machiavellis «Il Principe» und machte gleichzeitig deutlich, daß sein politisches Denken sich seit seiner kritischen Bemerkung zu Gaguin sehr folgerichtig entwickelt hatte und daß diese seine Politik eine «pädagogische» Politik war, das heißt, daß sie politische Auffassung oder Gesinnung nicht als eine privilegierte amoralische Sphäre betrachtete.

Wie für Schiller («Briefe über die ästhetische Erziehung des Menschen», 4. Brief) waren *der pädagogische und politische Künstler* durchaus zwei Seiten ein und desselben Wesens. Dies eigentlich macht die humane Basis und Dimension seiner Staatslehre aus. Sie wurde lange sehr unaufmerksam als mittelalterlich-patriarchalisch gelesen, weil sie in den Schatten der zeitgleichen und «zeitgerechteren» Arbeit des Florentiner Staatssekretärs geriet; denn der schwamm ja durchaus auf der Woge der Zeit, er hatte den absolutistischen Wind im Rücken.[68] Wenn aber Politik als bloßes Synonym von Macht auf den Begriff der Staatsräson reduziert wird, diskriminiert man den «Demokratismus» und die Friedenstheorien des Erasmus als «mittelalterlich». Man hält sie unter diesem Etikett für unrealistisch und weltfremd.

Eben deshalb, und da beginnt die Geschichte skurril zu werden, ver-

weilte man bei den wenigen Worten, die man dem Mittelalter und der hohen platonisierenden Spekulation vielleicht zurechnen konnte und verkannte den höchst realen Gehalt seiner Aussagen. Allein die Kapitel über Bündnisse, dynastische Verbindungen und über die Beschäftigung der Fürsten in Friedenszeiten sind so lebendig mit Zeitbezügen und Zeiterfahrungen gespeist wie kaum ein «Fürstenspiegel»: *Herrschaft nennen wir, was doch Verwaltung ist ... Das Recht über Menschen, die von Natur aus frei sind, ist nicht zu verwechseln mit dem Recht über Vieh. Dieses Recht, das Du als Herrscher hast, verlieh Dir die Zustimmung des Volkes. Es kann aber dieses Recht nur aufheben, wer es verliehen hat.*[69]

Dagegen meinte Machiavelli, das Geschäft des Regierens sei zu wichtig, als daß man es den Regierten überlassen könne. Eine Welt klafft zwischen solchen Auffassungen. Der «Principe» war dem Mediceer Lorenzo II. gewidmet, die *Institutio* nur indirekt Karl von Burgund; denn sie ist an dessen Erzieher gerichtet und liefert ihm die Maximen für eine menschliche Erziehung des künftigen Fürsten.

Diese Staats- oder Fürstenlehre ist das exakte Gegenbild derjenigen Machiavellis, sowohl hinsichtlich der Wertung des Staates wie hinsichtlich der Kompetenz des Regenten. Nichts vom Staat als Kunstwerk, als Zuchthaus mit eigener Räson, nichts von Politik als Freibeuterei nach Code für einen Gewalthaber, nichts überhaupt vom Willen zur Macht.

Der erasmische Staat ist ein «Wohlfahrtsstaat», in dem Verwaltung, nicht Herrschaft Prinzip ist. Verwaltung, nicht Herrschaft, ist deshalb geboten, weil Herrschaft Knechte als Untertanen voraussetzt. Knechtschaft aber ist unmenschlich und noch viel mehr der durch das Evangelium verheißenen und gebotenen christlichen Freiheit unangemessen. Es kommt noch hinzu, daß die Verwaltung des Staates auf einem Auftrag fußt, und dieser Auftrag resultiert aus der Zustimmung, dem consensus aller derjenigen, die den Staat begründen. Ihr Interesse aber ist Wohlfahrt, also ist das Wohlwollen der Regierenden die Bedingung ihrer Regierungsfähigkeit: *Der Fürstenerzieher soll darauf hinweisen, daß unter Christen Herrschaft nichts anderes ist als Verwaltung des Staates, nicht Unterwerfung. Sie heißt zwar Herrschaft, aber der Herrscher soll eingedenk sein, daß er über Freie und Christen herrscht, das heißt über doppelt Freie. Außerdem ist es mit uraltem Adel, mit Szepter und Diadem nicht getan, um ein Herrscher zu sein.*[70] Nun müßte man folgern, daß dann die Demokratie, die dem Erasmus aus den Stadtrepubliken der Niederlande und Oberdeutschlands ja durchaus vertraut war bzw. wurde, die einzig vertretbare Staatsform wäre. *Unter den vielerlei Staatsformen ist nach der übereinstimmenden Lehre fast aller Philosophen die Monarchie die heilsamste, unzweifelhaft nach dem Bilde Gottes, damit so die oberste Macht in einer Hand sei. Der Fürst muß also, wenn es nach dem Vorbild Gottes geht, sich vor allen anderen durch Weisheit und Güte auszeichnen und unter Verzicht auf irgendwelche Bedürfnisse nichts anderes im Sinne haben, als dem Staat zu nützen. Wenn es anders wäre, müßte der Zustand des Staates grundschlecht sein, da er mit dem im Widerspruch stände, der der Allerbeste ist. Wenn ein Fürst von vollendeter Tugendhaftigkeit da wäre, müßte man die unverfälschte absolute Monarchie wünschen. Ich weiß aber nicht, ob das jemals eintreten wird, soviel größer und wünschenswerter das auch wäre. Wenn also nur ein mäßig geeigneter Fürst zur Verfügung steht, wie das nun einmal unter Menschen ist, würde eine mit Aristokratie und Demokratie vermischte und gemäßigte Monarchie besser sein, um die Entwicklung zur Tyrannis zu verhindern. Wie nämlich die Elemente sich wechselweise ins Gleichgewicht bringen, so gewinnt der Staat mit dem gleichen Mäßigungsprinzip Bestand. Wenn es der Fürst nämlich mit dem Staat gut meint, wird er es so verstehen, daß seine Macht auf diese Weise unterstützt und nicht etwa eingeschränkt werde. Meint er es nicht gut mit dem Staat, ist es um so besser, daß etwas da ist, was seine Willkür bricht und hemmt.*[71] Man erkennt unschwer, daß Erasmus, der ohnedies das erste, bei weitem umfangreichste Kapitel seiner Staatslehre den *Grundsätzen für die W a h l eines Fürsten* widmet, den Fürsten als eine Art Volksbeauftragten für die Wohlfahrt der Bürger versteht: *Der Staat ist ein Körper, der aus mancherlei Gliedern zusammengesetzt ist, zu denen auch der Fürst selbst gehört, mag er auch ein hervorragendes Glied sein. Es wird also richtig sein, seine Glieder so maßvoll zu gebrauchen, daß es allen gut geht und nicht einige Not leiden, nur damit das eine oder andere höchst üppig gedeiht. Hat der Fürst vom Schaden des Staates seine Freude und seinen Gewinn, ist er kein Teil des Staates und kein Fürst, sondern ein Wegelagerer.*[72]

Weil er aber beauftragt ist, weil nur nach Fähigkeit und Eignung ein solcher Verwaltungsauftrag erteilt werden sollte, ist die Wahl Prinzip: *In der Seefahrt vertraut man das Steuer nicht dem Vornehmsten oder Reichsten an, sondern dem Kundigsten, Wachsamsten und Zuverlässigsten. Genauso wird man die Herrschaft dem übertragen, der die anderen durch staatsmännische Talente überragt, das heißt mit Weisheit, Gerechtigkeit, Maß, Voraussicht und Eifer für das Gemeinwohl sorgt. Herkunft, Reichtum und äußeres Ansehen sind ebensowenig Empfehlungen für die Staatsverwaltung wie für die Führung eines Schiffs. Das, was der Herrscher einzig im Auge halten muß bei der Regierung, das muß das Volk auch bei der Wahl des Fürsten beachten: die Staatswohlfahrt. Persönliche Rücksichten dürfen dabei keine Rolle spielen...*[73] Der Staat bleibt auch Staat, erklärt Erasmus, wenn der Fürst fehlt. *Es hat sehr bedeutende Reiche gegeben, die eines Monarchen entbehrten, zum Beispiel die Demokratie der Römer und die der Athener, aber es kann keinen Fürsten geben ohne eine staatliche Gemeinschaft; also ist staatliche Gemeinschaft Voraussetzung für den Fürsten und nicht umgekehrt. Was anderes erhebt den Fürsten zu seinem Rang als die Zustimmung der Gehorchenden? Wer dagegen durch seine eigenen Güter, das heißt Tugenden groß ist, der ist auch groß, wenn ihm die Herrschaft genommen ist.*[74]

Das ist unbestreitbar: die Herrschaft kann genommen werden, und zwar kann sie von denen widerrufen werden, die sie durch Consensus, durch Wahl, verliehen haben. Wie wir sehen, hätte der Theologe Erasmus sich wohl für eine absolute Monarchie nach dem Bilde Gottes entscheiden können, aber Herrschaft in diesem eigentlichen und absoluten Sinne ist göttlich und daher unmenschlich, der Mensch ist solcher Herrschaft nicht fähig, ohne daß sie zur Tyrannis entartet. Aus diesem Grund ist die Wahlverfassung die menschlichste und beste; denn sie hat das Prinzip der Widerrufbarkeit eingebaut.

In der Wirklichkeit jener Zeit haben wir es aber bis auf die Stadtrepubliken fast ausnahmslos mit Erbmonarchien zu tun, die zum großen Teil ein deutlich wahrnehmbares Gefälle in Richtung Absolutismus haben. Hier stellt sich auch dem Erasmus das Problem des Widerstandsrechts, das er ausdrücklich und wiederholt bejaht.[75] Jedoch schwächt Erasmus hier späterhin seine entschiedene Ausgangsposition ab. Die Erfahrungen mit den radikalen reformatorischen Gruppen und den durch sie ausgelösten Wirren haben ihn vorsichtig gemacht. Im *Geistlichen Gastmahl* etwa fordert er eine Art leidenden Gehorsams gegen die ungerechte staatliche Gewalt. Aber es gibt nur einen Beweggrund für diese Einschränkung: die christliche Rücksicht auf den Nächsten, das Gebot der Liebe. Wenn und weil gewaltsamer Widerstand Schaden an Leib und Leben aller verursacht, weil er zu blutigen Auseinandersetzungen und zu Zerstörungen und Verlusten im materiellen Bereich führt und weil er Bildung und Fortschritt beeinträchtigt in seinen Auswirkungen, sollte er nur im äußersten Fall gewagt werden; eine Staatsauffassung, die die Aufgaben des Staates so konsequent als Wohlfahrt interpretiert, mußte sogar diese Einschränkung vornehmen.

So fordert Erasmus, daß der Staat die ausgleichende Gerechtigkeit im

«Die Tyrannis bekämpft die Vernunft, die Gerechtigkeit und das Wort Gottes». Anonymer Holzschnitt, Anfang des 16. Jahrhunderts

wirtschaftlichen und sozialen Bereich zu praktizieren habe, daß er einen Vermögensausgleich vorzunehmen und für die Gleichheit der Bildungschancen zu sorgen habe. Staatsausgaben, die das Prestige, den reinen demonstrativen Aufwand und die Aufrüstung betreffen, hält Erasmus für unvertretbar. In wirtschaftlichen Fragen bezieht er eine ebenso mittelalterliche wie fortschrittliche Stellung. Wenn auch das Mittelalter monopolfeindlich betont war, weil die Monopole den durch das allgemeine Wohl geforderten gerechten Preis hintertrieben, muß man die Ablehnung der Monopole durch Erasmus wohl doch unterscheiden. Zwar argumentiert auch er für die Vorhand oder doch die fundamentale Verantwortung des Staates in Sachen allgemeiner Wohlfahrt, aber er hat dabei durchaus immer auch j e d e n einzelnen im Auge, und deshalb lehnt er jede Manipulation ab, die Mittel in die Hand der Regierenden bringt, ohne daß ihre Verwendung f ü r die Allgemeinheit auch kontrolliert werden könnte.

Um so mehr hat der Staat nach seiner Meinung die Bildung als eine öffentliche Aufgabe und vor allem die sozialpflegerische Verantwortung gegenüber Alten und Kranken wahrzunehmen. Es ist auffallend, daß Erasmus hier in einer Zeit, als die Mehrzahl dieser Aufgaben noch von der Kirche wahrgenommen wird, an den Staat appelliert. Er will offenbar, wie das auch in Fragen der Bildung der Fall ist, diese Bereiche von religiösem Zwang freistellen.

Schon in seinem Adagium *Dulce Bellum (Schön ist der Krieg ...)* hatte Erasmus die Theorie vom gerechten Krieg aufs schärfste bekämpft. Die Modernität seiner Einwände gegen die These vom gerechten Krieg wird vor allem da deutlich, wo er auf das Fehlen eines internationalen Gerichtshofes hinweist, der allein über Recht und Unrecht gültig befinden könne. Wenn Erasmus außerdem den Kompromiß im Sinne einer Friedenssicherung für den einzigen Ausweg aus dem Dilemma hält, wird der auf das tatsächliche vitale Interesse der staatlichen Gemeinschaft zielende Pragmatismus der erasmischen Staatslehre deutlich.

Während Machiavelli den Krieg zu einem Kunstwerk hinaufstilisiert hatte in der Hand des ruhmbegierigen Fürsten, gehörte er für Erasmus schlicht unter die pathologischen Abirrungen des Humanen. Hier unterscheidet sich der «tierische» Ernst des Florentiner Staatssekretärs höchst bezeichnend von dem hintergründigen Humor des «Batavers»:

Die Torheit spricht ...

Ja, ich möchte sogar behaupten, daß keine vortreffliche Tat ohne meine Urheberschaft gemacht wäre. Ist denn nicht der Krieg das Saatfeld und die Quelle jeder rühmenswerten Tat? Was gibt es aber Törichteres, als aus weiß Gott welchen Gründen eine Auseinandersetzung vom Zaune zu brechen, die jedem Beteiligten mehr Schaden als Nutzen bringt? Denn die Gefallenen erwähnt keiner, wie Theokrit von den Megarern (die Bewohner von Megara waren wegen ihres schildbürgerhaften Eigensinns berüchtigt) *sagt. Wozu, ich bitte euch, sind denn jene Weisheits-gewaltigen nütze, wenn die Parteien sich erzgeschient zum Kampfe stellen und der dumpfe Gesang der Hörner erklingt? Sind sie doch von Studien ausgemergelt und so dünn- und kaltblütig, daß sie nur mit Mühe schnaufen. Kräftige und grobschlächtige Kerle hat man dazu nötig, die tollkühn und geistig unbeschwert sind. Es sei denn, daß jemand sich die soldatische Tüchtigkeit des Demosthenes zum Vorbild nähme, der dem Rate des Archilochos folgte, beim Anblick der Feinde seinen Schild wegwarf und floh, ebenso feig als Krieger wie weise als Redner. Nun sagt man aber, daß Einsicht im Kriege sehr viel Bedeutung habe. Soweit es sich um den Feldherrn handelt gebe ich das zu, doch geht es dabei nur um militärische, nicht um philosophische Einsicht. Im übrigen wird ein ruhmvolles Unternehmen dieser Art nur von Schmarotzern, Kupplern, Wegelagerern, Meuchelmördern, Bauernlümmeln, Tölpeln, Bankrotteuren und ähnlichem Unrat der menschlichen Gesellschaft durchgeführt, aber nicht von laternentragenden Philosophen.*[76]

So wie Erasmus mit seiner Argumentation gegen die Lehre vom gerechten Krieg die communis opinio des Mittelalters und weithin noch der gesamten Neuzeit ignoriert, bedeutet auch seine «Friedenstheorie» Neulandgewinn gerade im Sinne der modernen Friedensforschung: er hat bereits den Wirkungszusammenhang zwischen krassen Unterschieden in den Sozialverfassungen und Aggressionsbereitschaft, zwischen Herrschaftsprinzip und expansivem Machtgebrauch und zwischen der Wirksamkeit sozialer Vorurteile (besonders der nationalen Vorurteile) und Kriegsbereitschaft klar erkannt und wiederholt beschrieben. Hier sind schon zahlreiche Ansätze genannt, denen im System der modernen Friedenstheorie als Auslösemechanismen für Kriege eine entscheidende Rolle zugesprochen wird.

In seiner allerersten Veröffentlichung hatte Erasmus dem Robert Gaguin ziemlich unverblümt gesagt, was vom nationalen Ehrgeiz zu halten sei, vor allem wenn er sich auf Eroberungen und Kriegstaten berufe. Als Heinrich VIII. 1513 siegreich aus dem Feldzug gegen die (mit Frankreich verbündeten) Schotten heimkehrte, erregte er einen Taumel der Begeisterung. Der Vorgang war enttäuschend für den in England weilenden Erasmus. Gerade auf Heinrich VIII. hatte er manche Hoffnung gesetzt. Er zog sich zurück und äußerte sarkastisch: *Wir sitzen da, eingeschlossen von der Pest, von Räubern verfolgt, wir trinken einen Schundwein* (weil der König französischen Wein nicht ins Land ließ), *aber: Io triumphe! Wir sind die Herren der Welt.*[77] Über soviel Borniertheit vergeht ihm fast der Humor: *... kann uns irgend etwas, das von dieser Welt ist, so wertvoll sein, um deswegen Krieg anzufangen, ein so verderbliches, so widerwärtiges Geschäft, daß, selbst wenn der Krieg noch so gerecht ist, er keinem wirklich guten Menschen gefallen kann?*[78] Vom Krieg hat die Gesellschaft, irdisch gesehen, also alles andere zu erwarten als Vorteile. Auch religiöse Gründe lassen keine Ausnahme zu. Sie sind vielmehr der Gipfel der Torheit und Geistesverwirrung: *Wenn Rechte den Krieg gestatten, so sind sie plump und schmecken nach entartetem, weltverdorbenem Christus.*[79]

In seiner *Institutio* an Karl V. hatte Erasmus die Möglichkeit eines

König Heinrich VIII. von England. Kopie nach einem Wandgemälde von Hans Holbein d. J., ehem. im Schloß Whitehall, London. Chatsworth

gerechten Krieges aus menschlichen und christlichen Gründen entschieden bestritten. Ein Jahr später (1517) veröffentlichte er eine *Klage des Friedens* (*Querela Pacis*) gegen den Krieg, die von leidenschaftlichem Ernst getragen war. Sie war mehr als eine bewegende Stilübung. Die «Klage» des als allegorische Figur in eigener Sache auftretenden Friedens war eine Art Gegenstück zu den Politik und Krieg betreffenden

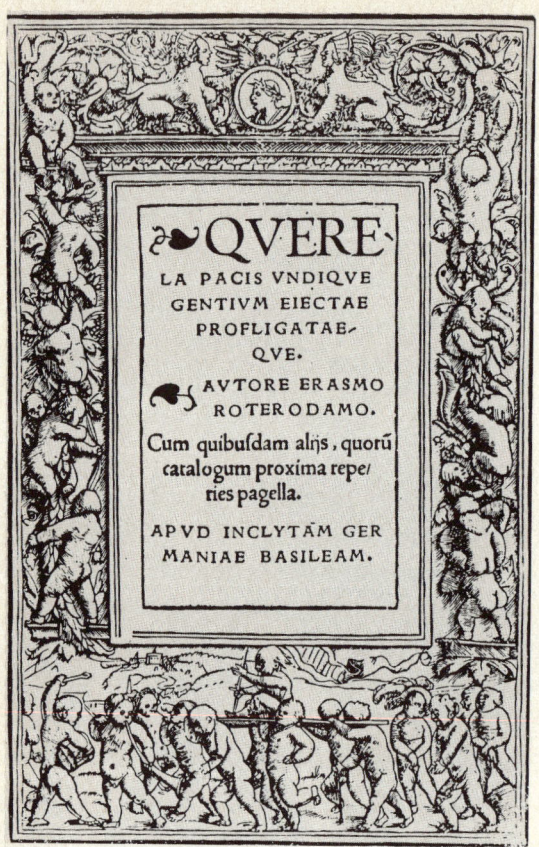

*«Querela Paris». Erstausgabe Basel 1517 bei Johannes Froben.
Von Holbein illustriert*

Passagen im *Lob der Torheit*. Was dort als Feuerwerk von Ironie und Parodie im Munde der Torheit allenfalls Gelächter oder verständnisinniges Schmunzeln hervorrufen sollte, offenbarte sich hier als mitreißende Anklage. Deshalb scheute Erasmus sich auch nicht, immer wieder darauf hinzuweisen, daß es im Staat keine anderen als die Güter aller gibt, daß eine Entscheidung über Krieg und Frieden nur immer eine Entscheidung aller sein könne, des consensus omnium also.

Weil aber Macht- und Herrschaftsstreben einzelner immer solche Gefahren heraufbeschwören, ist es notwendig, daß das staatliche Leben von einer soliden Eintracht aller getragen u n d kontrolliert werde, und das heißt sogar, daß die bürgerliche Gemeinschaft mit allen Mitteln des Widerstands den Krieg im Keime zu ersticken habe. *Ein Friede*, heißt es, *ist kaum einmal so «ungerecht», daß er nicht auch dem anscheinend «gerechtesten» Krieg vorzuziehen wäre.*[80]

Nicht einmal kriegerische Unternehmungen gegen Nichtchristen hält Erasmus für erlaubt. Weil Religion keinen Krieg rechtfertigen kann, weigert er sich beharrlich, der zeitgemäßen Kreuzzugsideologie gegen die Türken die erhoffte publizistische Unterstützung zu leisten. Außerdem steht es, so meint er, gerade Christen besser an, mit den Waffen *der Belehrung, der Wohltaten und des Beispiels eines einwandfreien Lebenswandels* [81] Bekehrungsversuche zu unternehmen.

Bei dieser Meinung bleibt er auch, nachdem man ihn endlich dazu gebracht hat, in die Diskussion um ein Aufgebot gegen die Türken einzugreifen. S e i n e n «Ratschlag» für den Türkenkrieg kleidet er 1530 bezeichnenderweise in die Form einer Psalmenparaphrase. Die unmutige Frage der erzgeschienten Glaubenskämpfer läßt er zum Schluß doch unbeantwortet, ob nämlich Krieg geführt werden solle oder nicht. S e i n e Antwort war durch alles, was er seither geschrieben hatte, klar und konnte auch hier nicht anders lauten als negativ, weil eben der Krieg, sowohl rein menschlich gesehen wie erst recht vom christlichen Standpunkt aus, eine absolut verwerfliche Sache ist. *Ich fürchte,* schrieb er 1531, *daß wir, die wir mit den Türken kämpfen, neben Lutheranern, Zwinglianern, Wiedertäufern selbst Türken werden.*[82] So hatte er die Frage, *ob den Türken der Krieg zu erklären sei,* unversehens in die Frage nach den humanen und christlichen Voraussetzungen für das Zusammenleben der Völker vertieft.

Dem entsprach seine Meinung über die Ausbreitung des Christentums in den neuentdeckten Ländern. Er hielt nicht allzu viel von der Überlegenheit des «christlichen Abendlandes», weder von seinen fragwürdigen Ausplünderungsmethoden in Amerika (die er rundweg als solche kennzeichnet) noch von einer Mission, die die Heiden von ihrem magischen Zwang «erlöste», nur um sie einem neuen unleidlichen Druck von «religiösen» Gesetzen und Bestimmungen zu unterwerfen.[83]

Wohin den Erasmus immer sein Lebensweg führte, überall schockierte ihn der aufkommende nationale Ehrgeiz. Humanisten überall in Europa haben ihren gemessenen Anteil am Wachstum nationalen Bewußtseins. Diese europäische Bildungselite hat der Muttersprache erst ihren Rang gegeben, beginnend bei den Italienern Dante und Petrarca. Jedoch hat sie auch, besonders die Historiker unter ihnen, nach antikem Modell den Völkern historische Nahrung für ein neues Selbstbewußtsein gegeben. Der Absolutismus fand daran willkommene ideologische Unterstützung; denn die Fürsten bedurften eines Mythos für ihre Macht und ihre Expansionsbestrebungen, und die meisten humanistischen «Nationalchronisten» standen ja im Fürsten- oder Staatsdienst.

Der Holländer, freier Publizist aus Leidenschaft und aufgewachsen im Weichbild großer demokratischer Stadtrepubliken, in einem Land Burgund, das sich nicht auf einen nationalen Nenner bringen ließ, sah folgenschweres Unheil in diesem nationalen Mythos voraus. In der Geburtsstunde des Nationalismus widerrät hier jemand, der keineswegs «noch im Mittelalter weilt», wie man gelegentlich gemeint hat, der den Wert und die Wichtigkeit der Volkssprachen für den Bildungsfortschritt klar erkannt hat, der aber unter dem nationalen Fetisch genauso unabsehbares Unheil über Europa und die Menschheit hereinbrechen sieht wie später auch unter dem religiösen Fanatismus. Wie schon im *Lob der Torheit* führt er auch in der *Klage des Friedens* Vaterlandspathos und Nationalismus ad absurdum:

Der Apostel Paulus ist erbost, wenn er bei den Christen folgende Redensarten hört: «Ich gehöre zu Apollos, ich zu Kephas und ich zu Paulus!» Er duldet es nicht, daß gottlose Parteinamen Christi allversöhnendes Wesen zerteilen. Sehen wir aber nicht das Wort «Vaterland» als triftigen Grund dafür an, daß eine Nation die Vernichtung der anderen im Schilde führen darf? Ein paar Eisenfresser sind jedoch nicht einmal mit dieser Kriegsursache zufrieden! Sie zerbrechen sich vielmehr den Kopf, um irgendwo Ansatzpunkte für neue Konflikte auszuhecken...

Wenn der Richter bei widerwärtigen Händeln – etwa bei Ehescheidungen – den Prozeß nicht ohne weiteres annimmt und nicht jede beliebige Beweisführung gelten läßt, warum sieht man dann im Krieg – diesem widerwärtigsten aller Händel – jeden fadenscheinigen Grund für zureichend an? Sollte man nicht vielmehr den wahren Sachverhalt erwägen? Wenn der Begriff Vaterland alle jene verbindet, die von den gleichen Vorfahren abstammen und wenn die Blutsverwandtschaft zur Freundschaft führt, so ist diese Welt in Tat und Wahrheit unser aller gemeinsames Vaterland; wenn ferner die Hausgemeinschaft innige Bande knüpft, so ist die Kirche eine einzige Familie, der alle in gleicher Weise angehören. Nach dieser Richtung sollte man deshalb immer wieder sein Augenmerk richten. Du lässest an deinem Schwiegervater manches durchgehen, nur weil er dein Schwiegervater ist; solltest du aber dem nichts durchgehen lassen, der durch die gleiche Religion dein Bruder ist? Du lässest vieles aus Rücksicht auf die Verwandtschaft ungestraft; und du solltest um der Religionsgemeinschaft willen nichts ungestraft lassen? Sicherlich schließt kein anderes Band so innig zusammen wie die Gefolgschaft Christi.[84]

Er läßt keinen Zweifel daran aufkommen, daß er die neue Begeisterung, aber auch die neuen Argumente für Nation und Vaterland sehr wohl kennt, aber er rückt diese Tendenzen in eine Perspektive, die alles andere ist als mittelalterlich und mit dem «Humanismus» ebenso ernst macht wie letztlich mit dem Christentum. Ein pragmatischer Wirklichkeitssinn, der die chaotische Gewalt nationalistischer wie konfessionalistischer Ideologien durchschaut, verbindet sich mit einem wachsamen Sinn für die Konsequenzen humanistischer wie auch christlicher Grundsätze.

Der vielberufene und vielbefehdete «Kosmopolitismus» des Erasmus hat hier ebenso seine Wurzel wie seine «Unentschiedenheit» in der nun bald herandrängenden sogenannten «Religionsfrage». Insofern war denn auch seine wiederholte Bemerkung gegenüber Freunden, daß er Weltbürger sein wolle, mehr als ein prätentiöses Lippenbekenntnis. «Bekenntnisse» kleidete er englisch unterkühlend gern in das Gewand der Insuffizienz, wie er andererseits seine Abneigung gegen nationalen Egoismus und Lokalpatriotismus gern als Donquichotterie gegen die Torheit vermummte.

Vom Geld ist die Rede, von wem noch?

Freunde nannten ihn Capnion . . .

... er selbst unterschrieb mit Phorcensis, denn er war in Pforzheim geboren. Bekannt, ja berühmt ist er heute, 450 Jahre nach seinem Tode, unter seinem wahren Namen.

Schon mit 15 Jahren studierte er in Freiburg, fiel mit seiner angenehmen, schönen Stimme dem Markgrafen von Baden auf und durfte dessen Sohn zum weiteren Studium nach Paris begleiten. Das war die erste einer Reihe von Bekanntschaften mit regierendem Hochadel, die dem Mann Ansehen, Einfluß und Einkommen verschafften. Auf das Einkommen war er gelegentlich angewiesen, denn sein finanzielles Vermögen stand in keinem Verhältnis zu seinem geistigen.

In Paris, Basel, Orleans und Poitiers studierte er Griechisch, Latein und Jura. Und als er wieder nach Deutschland zurückkam, lernte er einen zweiten «Regierenden» kennen, den Grafen Eberhard. Ursprünglich sollte er den Herrn «im Barte» nur als Dolmetscher auf einer Italienreise begleiten – er blieb 14 Jahre in seinen Diensten.

Als der Graf und Gönner gestorben war, zog der Mann, von dem hier die Rede ist, nach Heidelberg, auf Einladung eines Bischofs. Übersetzungen und Privatschüler füllten seine Zeit. Und wieder fand er einen Gönner, diesmal den Kurfürsten von der Pfalz. Der schickte ihn nach Rom. Und von da kam er beladen mit hebräischen Büchern zurück – sie wurden ihm zur Quelle jahrelangen Streits mit Theologen und Mönchen. Ein daraus entstandener formeller Prozeß kostete ihn einen nicht geringen Teil seines kleinen Vermögens. In dieser Zeit hatte er sich mit seiner Frau auf einen kleinen Landsitz nahe Stuttgart zurückgezogen.

Aber der nun 65jährige fand immer noch nicht Ruhe. Die Pest vertrieb ihn aus Stuttgart nach Ingolstadt und schließlich nach Tübingen. Bald darauf starb er in Bad Liebenzell. Von wem war die Rede?

(Alphabetische Lösung: 18–5–21–3–8–12–9–14)

Er denkt europäisch und ist nicht weniger bemüht, auch diesen Horizont zu durchbrechen. Die Korrespondenz mit Freunden und Bekannten überall in Europa ist ein lebendiger Spiegel für diese stets wache und ganz und gar reale Neugier. In ihr verbindet sich zweifellos die kosmopolitische Mentalität der Niederlande bzw. Burgunds und deren gesunder Sinn für Wirklichkeit mit der offenbaren Weltlust des Publizisten.

Herkunft und eine in langen Jahrzehnten gewachsene Einsicht haben Erasmus deshalb gerade in Reichsstädten heimisch gemacht, wo ein pragmatischer Universalismus seine Wurzeln und seine Atmosphäre hatte. Doch nicht einmal das wiederholte Angebot seines Freundes Zwingli, das Bürgerrecht der Stadt Zürich anzunehmen, konnte ihn in seiner grundsätzlichen Einstellung wankend machen: *Ich danke sehr für deine und deiner Stadt liebenswürdige Gesinnung mir gegenüber. Ich wünsche Weltbürger zu sein, allen zu gehören, oder besser noch Nichtbürger bei allen zu sein.*[85] In diesem Geiste schreibt er 1527 an den Spanier Francisco Vergara: *Ich habe immer eine Art stoischer Gesinnung gehabt, nämlich keiner Gegend mehr zugeneigt zu sein als einer anderen, ich habe vielmehr die ganze Welt als mein Vaterland betrachtet; so ist es demnach auch mit meiner Wertschätzung für die hervorragenden Wissenschaften: wo immer ich Menschen wahrnehme, die sich ihnen gewidmet haben bzw. durch sie ausgezeichnet sind, da möchte ich mich am stärksten verbunden fühlen.*[86] Deutlicher konnte er nicht ausdrücken, wo er sein Vaterland sah und wo er Bürgerrecht haben wollte: in der grenzen- und vorurteilslosen res publica literarum (was für die religiösen Menschen dann keine Konfession, sondern die offene res publica christiana war).

Über die lateinische wie besonders über die volkssprachlichen Versionen haben die politischen Gedanken des Erasmus Eingang gefunden in die europäische Überlieferung seither[87], und keineswegs nur in die Überlieferung der hohen Literatur oder der gelehrten Spekulationen. Im Geiste und im Sprachgebrauch des Erasmus liest man heute noch auf der mit politischen Sgraffiti versehenen Fassade des Rathauses von Prachatitz in Böhmen: «Es ist besser, tausendmal umzukommen, als in seinem Staat ohne die Wehr der Waffen nicht leben zu können. Ein Schutzwall für die Bürger muß aus Zuneigung und Wohlwollen errichtet sein, nicht aus Waffen. Das ist kein wahrer Staat, wo die Gesetze nichts wert sind, wo die Gerichte schweigen und sittlich bestimmtes Verhalten sich nicht entwickeln darf.»

Wagnis der Unabhängigkeit

Zwischen 1514 und 1521 sah es so aus, als wollte Erasmus in seinem «Vaterland» doch noch heimisch werden. Nach dem Wunsch des Stifters Hieronymus Busleiden erhielt er 1518 den Auftrag, in Löwen ein Dreisprachenkolleg für das Studium des Hebräischen, Griechischen und Lateinischen aufzubauen. Damit aber setzte er sich noch stärker dem

Huldrych Zwingli. Anonymer Holzschnitt, 16. Jahrhundert

Mißtrauen seiner theologischen Gegner wie des Aleander aus.

Man muß diese Tätigkeit in Löwen, die dort geäußerten sehr unterschiedlichen Erwartungen seiner orthodoxen Beobachter wie auch die seiner «modernistischen» Freunde mitbedenken, wenn man seine Haltung in dem beginnenden Briefwechsel mit Luther beurteilen will. Alle bisherigen Deutungsversuche stoßen sich an seiner Abneigung gegen Parteinahme. Man muß die Motive dieser Abneigung sehen, muß aber ebenso die Zeitverhältnisse, das tatsächliche Risiko des Erasmus und die Konsequenzen seiner Einstellung abwägen.

Dazu gehört, daß man die sich häufenden Angebote, in den sicheren und wohldotierten Dienst eines einzelnen bzw. einer Partei zu treten, berücksichtigt: *Ich hätte unter den besten Aussichten dem katholischen*

König Karl V. *folgen können. Ich bin vom König von Frankreich einge-
laden worden, der mir goldene Berge versprach, ferner aufs liebenswür-
digste vom König von England, von dem hochverehrten Kardinal von
York* (Thomas Wolsey), *von Erzbischof Franz* (Jiménez de Cisneros) *von
Toledo, der kürzlich starb, ferner von dem Bischof von Paris* (Stephan
Poncher), *von Bayeux* (Ludwig Canossa), *vom Erzbischof von Mainz,
vom Bischof von Lüttich* (Erhard von der Marck) *und Utrecht* (Philipp
von Burgund), *Basel* (Christoph von Utenheim) *und Rochester* (John
Fisher), *vom Herzog von Bayern und Herzog von Sachsen. Das ist keine
Lüge von mir, und sehr viele wissen das wohl. Zahlreiche Briefe jener
Männer beweisen es. Ich habe das alles ausgeschlagen und bin bei meiner
Arbeit geblieben. Da nennt man mich nun wankelmütig, weil ich ein mit
schwerer nächtelanger Arbeit begonnenes Werk vollenden möchte! Besteht die Tugend der Standhaftigkeit darin, so lange wie möglich an
einem Ort zu sitzen, so gebührt das erste Lob Felsen und Baumstrünken,
das nächste Muscheln und Schwämmen. Es ist kein Laster, den Platz zu
wechseln, aber zu Unrecht ihn zu wechseln, ist ein Laster. Und es ist
noch keine Tugend, lange am gleichen Ort zu bleiben, sondern lobens-
wert zu leben.*[88]

Erasmus hat einen legitimen Grund für die ihm vielfach vorgewor-
fene Unstetigkeit: seine Arbeit, seine Forschungen nötigen ihn, den
Aufenthaltsort immer wieder zu wechseln. Daß diesem Zwang bei allen Klagen über die Mühsal auch ein bewegungsfreudiges Temperament
entgegenkommt, darf nicht unterschätzt werden, ebensowenig der Zwang,
sich rechtzeitig Gegnern zu entziehen, deren Angriffe und deren Nöti-
gung zur Parteinahme allzu aufdringlich werden.

Für diese tiefeingewurzelte Abneigung gegen Parteinahme gab es gewiß auch Motive in der psychischen Konstitution des sensiblen Schriftstellers. Entscheidend allerdings war seine tiefe Einsicht in das soziale
Verhängnis, das aus Parteilichkeit und Parteizwang erwächst. Schon in
der vermutlich 1489 entstandenen *Oratio de pace et discordia contra
factiosos* (*Rede über Frieden und Zwietracht gegen die Parteiischen*)[89]
wendet er sich entschieden gegen jede Form aggressiver Parteilichkeit.
Als sich Johannes Eck in einem Brief geradezu beklagt, daß sich alle Gelehrten in Deutschland als Erasmianer bezeichnen, meint Erasmus: *Ich
finde in mir nichts, was jemand den Wunsch eingeben könnte, ein
«Erasmianer» zu sein. Christus gehören wir alle an, und zu seinem
Ruhm mühen wir uns, jeder nach seinen Kräften.*[90]

Seine Abneigung gegen jede Form von Obskurantismus (*conventiunculae obscurae*) richtet sich auch gegen Verbrüderungen unter seinem Namen. Der wahrhaft Gebildete wie der wahrhaft Fromme ist im Urteil des
Erasmus immer Einzelgänger, Diversant, kein «Partisan». Im Nachwort
zu den *Colloquiorum Formulae*, der Frühform der *Gespräche*, schreibt
er 1519: *Ich bin weder ein Reuchlinist noch Angehöriger irgendeiner
Humanistenrichtung. Namen, die auf derartige Gruppenbildung hindeu-
ten, lehne ich ab. Ich bin Christ und kenne nur Christen; Erasmianer
mag ich nicht und Reuchlinisten kenne ich nicht...*[91] Sogar seinem
Intimus Ulricus Zasius nimmt er es übel, daß er Parteibildung unter seinem Namen betreibt: *Dem Zasius fällt auch nichts Neues ein, wenn er*

überall Erasmus herausstreicht, aus der Mücke mehr als einen Elefan-
ten macht und nicht nur euch, sondern noch vielen anderen ihn auf-
drängt . . . Ich kann mich weder einer Partei anbiedern noch einen an-
dern zum Proselyten machen . . .[92]

Er sieht auch völlig nüchtern, daß diese Absage an Gruppenbildung
seine Position eher erschwert als erleichtert: *Über meine Einstellung*
kann niemand im Zweifel sein. Ich hätte in der Kirche Luthers ein Füh-
rer sein können; aber lieber wollte ich ganz Deutschland gegen mich
aufbringen, als mich von der kirchlichen Gemeinschaft trennen. Ich
hätte zum Gründer einer neuen Partei werden können, ich habe mich
jedoch nicht um Anhänger bemüht, sondern ich habe versucht, alle
Christus zu übergeben, denn ich will lieber Mitschüler als Schüler.[93]
Ihm geht es darum, *daß nicht eine Partei, sondern die Wahrheit den*
Sieg behält [94].

Es ist kein Zufall, daß er diese Unterscheidung von Partei und Wahrheit mit einem deutlichen Hinweis darauf verbindet, daß in der Geschichte der Kirche Häresien ihren Anteil an der Wahrheitsfindung gehabt haben. Auf diesen Hintergrund muß man jeweils stellen, was Erasmus von seiner Anhänglichkeit an die kirchliche Gemeinschaft sagt: es
ist ein Bekenntnis zur Einheit der Christenheit und nichts anderes. Das
wußten seine altkirchlichen Gegner sehr genau, und deshalb mußte ihm
über kurz oder lang auch in Löwen wie in den Niederlanden überhaupt
der Boden zu heiß werden. Nicht nur zunehmend feindselige Äußerungen bisheriger Freunde wie Martin Dorps, sondern auch die wohlberechneten Angriffe etwa des Engländers Edward Lee, des Niederländers Jakob
Latomus und des Spaniers Jakob Lopis Stunica bestätigen ihm die Ver-
schlechterung des Klimas.

Außerdem wurden seine brieflichen Äußerungen kolportiert, um ihn
der Häresie zu verdächtigen. Sicher wollte Erasmus seine Mittei-
lungen nicht als grundsätzlich vertraulich gewertet wissen; vielmehr hat er den Brief sehr früh als Instrument publizistischer Wirksamkeit eingesetzt und oft gleichzeitig mehrere Adressaten mit Briefen
gleichlautenden Inhalts bedacht. Andererseits hat er nicht nur guten
Freunden gegenüber auch bei delikaten Gegenständen kritische Schärfe,
Spottlust und Ironie freizügig geübt. Der Leser hat immer wieder den
Eindruck, daß es ihm geradezu reizt, und nicht nur aus Freude an der
eleganten Formulierung und am Florett der literarischen Fehde, die
Sache selbst auf die Spitze zu treiben. Dadurch aber und durch die bei
aller Reserve farbige Selbstdarstellung und Schilderung von Erlebnissen
und Vorgängen erhalten diese Briefe eine echte Renaissance-Kontur. Nur
enthalten sie bedeutend mehr politischen, theologischen und pädagogischen Sprengstoff als die der meisten mitlebenden Briefschreiber, und
das ist ihr großer Vorzug und s e i n Verhängnis; denn gerade seit der
Löwener Zeit sah er sich mehr und mehr genötigt, seine Opponenten zu
irritieren, um die eigene Position nicht preiszugeben und doch vor dem
Zugriff der Inquisition einigermaßen sicher zu sein.

Kontakte mit niederrheinischen Gelehrten und Literaten im Aachener
und im Kölner Raum hatte er schon von seinen zahlreichen Reisen her,
aber eindrucksvoller als am Niederrhein begegnete ihm die Symbiose

Erasmus. Bronzemedaille von Quinten Massys, 1519. Basel, Historisches Museum

von politischem Consensus und kultureller Entfaltung am Oberrhein und in Süddeutschland: Straßburg, Schlettstadt, Freiburg, Basel mit den aufgeschlossenen Gesprächspartnern Beatus Rhenanus, Heinrich Glarean, Hans Holbein, Wolfgang Capito, Johannes Oekolampadius und Johannes Sapidus. Von hier knüpfte er Beziehungen nach Nürnberg und Augsburg, zu den Pirckheimer, Peutinger und zu Reuchlin.

Erasmus war bei seinem ersten Auftreten am Oberrhein begrüßt worden wie ein regierender Fürst, und er hatte diese Huldigung der literarischen Welt mit dankbarer Freude aufgenommen. Sein Brief vom 21. September 1514 an Jakob Wimpfeling atmet geradezu hymnische Begeisterung: *Ich beglückwünsche unser Deutschland, das so viele ausgezeichnete Männer hervorbringt und tätig erhält, die nicht nur wissenschaftlich auf allen Gebieten an der Spitze stehen, sondern in gleicher Weise charakterlich untadlig sind und durch ihre Unaufdringlichkeit auffallen ... Diese Deutschen sind unbeirrbar in ihrem Urteil, so gebildet sind sie; ihre freundschaftliche Gesinnung verbietet ihnen abschätzige Äußerungen, und sie sind zu redlich, um zu schmeicheln oder zu*

77

heucheln ... Wenn ich so höre, daß es bei den Deutschen überall hervorragend gelehrte Männer gibt, gefällt mir mein Deutschland immer mehr und bereitet mir Behagen, und ich schäme mich fast und finde es bedauerlich, daß ich es so spät kennengelernt habe.[95]

Das Behagen, das ihm damals und bei vielen Reiseaufenthalten zwischendurch, besonders anläßlich der Drucklegung des Neuen Testaments und der großen Hieronymus-Ausgabe durch Froben in Basel, die kultivierten Kommunen des Oberrheins bereiteten, gab schließlich den Ausschlag.

Welche politische Bedeutung man Erasmus beimaß, hatte sich 1520 in Köln und bei den Vorbereitungen für den Wormser Reichstag gezeigt. In Köln war er im Gefolge Karls V. und hatte mit allen Mitteln zu einer friedlich-vermittelnden Beilegung der Glaubensauseinandersetzungen geraten. Er suchte sogar seinen Einfluß geltend zu machen und dem Kaiser ein Rede- und Schreibverbot für beide Parteien abzuringen. Dem päpstlichen Nuntius Aleander war sein Einfluß am kaiserlichen Hof wie an der Kurie ein Dorn im Auge. Mit allen Mitteln suchte dieser sowohl die Kurie als auch den Kaiser gegen Erasmus zu mobilisieren und beide davon zu überzeugen, daß Erasmus als Reformator weitaus gefährlicher sei als Luther. Erasmus mußte mit wachsender Sorge feststellen, daß Aleander zumindest in den Niederlanden erfolgreich agitierte. Unverblümt hatte er an die Kurie geschrieben: «Ich bedaure sehr, daß man einem Erasmus, der schlimmere Dinge gegen unsern Glauben geschrieben hat als Luther, mehr Vertrauen schenkt als mir, der ich für diesen Glauben durchs Feuer ginge. Aber dieser Erasmus versteht sich auf seinen Vorteil, wie ein treuloses Weib, das seinen Mann tüchtig auszankt, ehe es ihm die Hörner aufsetzt. Ich habe es von jeher gewußt, daß Erasmus der Quell alles Übels ist, daß er Flandern und die Rheinlande unterwühlt hat, wenn ich mich auch gehütet habe, es auszusprechen, so daß ich ihn immer vielmehr gepriesen und mich auf einen Streit oder eine Auseinandersetzung mit ihm nie eingelassen habe.»[96] Um so kräftiger wühlte er im verborgenen, so unbedenklich, daß Erasmus sich ernsthaft durch Gift bedroht fühlte. Als Aleander schließlich die gesamte Löwener Theologenschaft von der Gefährlichkeit des Erasmus überzeugt hatte, verlegte dieser 1521 vorerst seinen Wohnsitz in das von ihm geschätzte Basel. Aus dem vorläufigen, mit Manuskriptarbeiten begründeten Aufenthalt wurde eine dauernde Niederlassung. Bis auf die sechs Jahre, die er 1529 bis 1535 im nahen Freiburg verbrachte, blieb er fortan in Basel.

Streitwert des Glaubens und Freiheit des Willens

Als Erasmus in Löwen das Collegium trilingue, das Dreisprachenkolleg, einrichtete und dem Hebräischen einen Platz im modernen Lehrprogramm der Universität gab, war der große Skandal um das jüdische Schrifttum gerade abgeklungen. Im Jahre 1507 hatte der getaufte Jude Johannes Pfefferkorn die Universitätshierarchie gegen die Vertreter wissenschaftlicher und Studienerneuerung mit seinem «Judenspiegel» unterstützt und die jüdische Überlieferung als ketzerisch verurteilt. In dem nun anhebenden Verfahren trat Johannes Reuchlin als Gutachter auf und sparte in seinen Äußerungen nicht mit heftigen persönlichen Invektiven gegen Pfefferkorn.

Es blieb nicht aus, daß auch Erasmus in diese Auseinandersetzung hineingezogen wurde, und zwar 1514 durch Reuchlin, der ihm über den Streit berichtete. In seiner Antwort machte Erasmus sich die Position Reuchlins zu eigen, verpönte aber die persönlichen Ausfälle und das ermüdende Ausbreiten von Selbstverständlichkeiten in der literarischen Fehde. Erasmus, der sich bei den Dominikanern Jacob van Hoogstraten und Arnold von Tongern nicht unnötig mißliebig machen wollte – er bemühte sich gerade um die Freistellung vom Ordenszwang –, begnügte sich mit dieser Art Stellungnahme. Als sich dann aber die einmal ausgelöste literarische Fehde, die man kirchlicherseits so gern durch Verbot und Verbrennung unterbunden hätte, zu einem Punktschießen der literarisch gewandteren «Reuchlinisten» ausweitete, war es auch mit der Reserve des Erasmus zu Ende.

Conventiunculae obscurae (Dunkelmänner-Konventikel) war ein Lieblingsausdruck des Erasmus, und fast mit seinem Sprachgebrauch, unter reichlicher Verwendung seines Namens im Kontext, erschien 1515 das erste Aufgebot der «Epistolae virorum obscurorum», durch die Universitäten, Mönchsorden, vor allem die mit der Inquisition betrauten Dominikaner, und die offizielle Theologie Gegenstand eines bald weltweiten Gelächters wurden. Tatsächlich hat sich ja kaum eine der in den Streit involvierten Universitäten (Köln, Mainz, Erfurt, Heidelberg, Paris) von dieser Prestigeeinbuße wirklich erholt. Die zwischen elegantem Florett und massivem Säbel (besonders im zweiten, von Hutten ver-

Kaiser Karl V. Gemälde von Bernart von Orley, um 1521

faßten Teil) wechselnde Satire benutzte den Erasmus als «modernistischen» Popanz für die Reaktionäre.

Eine der genialsten Satiren der Weltliteratur wurde somit zu einer stilgerecht verfremdeten Porträtskizze auch des Erasmus. Er wird in diesen Briefen, die mit meisterlicher Verstellung die Hüter der Tradition das Gruseln lehren sollen, zu einem Fabelwesen und schwarzen Schaf stilisiert, das mit einer subtilen Sachkenntnis aus der Perspektive der Ignoranten und Obskuranten gezeichnet ist. Seine publikumswirksame theologische, bibelkritische Aktivität, insbesondere die Edition des griechischen Neuen Testaments, hat ihn unvermeidlich zur Zielscheibe restaurativer Angriffe gemacht. Trotzdem schrieb er noch 1521 eine *Apotheose Reuchlins* in seinen *Colloquia* und gab seinem Bekenntnis zu Reuchlins These dadurch noch besonderes Gewicht.

Sein Interesse in dieser Sache war das Interesse an der Freiheit der Meinungsäußerung und der Bildung. So mußte er sich notwendig sowohl mit seinen kirchlich religiösen wie auch mit seinen publizistisch-wissenschaftlichen Vorstellungen angesprochen fühlen, als Luther gleichzeitig fast mit dem Erscheinen des zweiten, satirisch noch brisanteren Teils der «Dunkelmännerbriefe» seine Thesen vor die Öffentlichkeit brachte.

Schon bestanden freundschaftliche Beziehungen, die den Erasmus allmählich in das verstricken sollten, was sich in Wittenberg anbahnte. Ulrich von Hutten hatte ihn nicht nur in den «Dunkelmännerbriefen» den Konservativen als ein Medusenhaupt vorgehalten, er knüpfte auch schon bald persönliche Beziehungen zu ihm. Auch Philipp Melanchthon, der Großneffe Reuchlins, war schon 1516 mit einem Gedicht in griechischer Sprache an Erasmus in dessen Gesichtskreis getreten.

Während im Verhältnis zu Luther und zu Hutten die persönlichen Beziehungen wie schließlich auch die Überzeugungen sich trennten, blieb das Verhältnis zwischen Erasmus und dem viel jüngeren Melanchthon völlig ungetrübt trotz aller Wandlungen der persönlichen Verhältnisse und der Auffassungen. *Mit Melanchthon*, schreibt Erasmus, *verbindet mich bekanntlich eine keineswegs gewöhnliche Freundschaft.*[97] Grund für dieses viel engagiertere Verhältnis als das zwischen Melanchthons Großonkel Reuchlin und Erasmus war nicht etwa nur die unbestrittene Hochachtung des weitaus Jüngeren für den großen Publizisten und Gelehrten. Beiden gemeinsam war die Überzeugung vom fundamentalen Wert der Bildung für alle menschlichen Verhältnisse und das Vertrauen auf die Kraft der Erudition, schließlich auch das Interesse an der Herbeiführung sozialer Ordnungen und Einrichtungen, die die Bildung und damit eine erleuchtetere und konziliantere Religiosität ermöglichen würden.

Darin war schon das Verhältnis zwischen Erasmus und Hutten so völlig verschieden. Zwar zeigte sich der ebenso gescheite wie temperamentvolle Hutten auch an sozialen Veränderungen interessiert, aber was Melanchthon wie Erasmus mit Belehrung und Überzeugung erzielen wollten, meinte Hutten mit Gewalt, ja mit dem Schwert in der Faust erzwingen zu müssen. An dieser gewalttätigen Art scheiterte auch sein anfangs gar nicht unfreundliches Verhältnis zu Erasmus. Dieser hatte Bewunderung für den beweglichen Geist Huttens und nahm auch die satirischen Ausfälle in den «Dunkelmännerbriefen» nicht übel. Dagegen befremdete ihn Hutten, als er mit seinen krausen Entwürfen für eine wenn nötig gewaltsame Emanzipation Deutschlands von Rom und eine ebenso gewaltsame Entweltlichung der Kirche bei Erasmus in den Niederlanden auftauchte.

Erasmus mußte an Hutten (wie an Luther und besonders an Eppendorf) erkennen, daß die von ihm oft bemerkte Ursprünglichkeit der Deutschen sich in liebenswerter Naivität, Treue und Zuverlässigkeit, aber ebenso in Zudringlichkeit, Ungestüm und Maßlosigkeit zu äußern vermochte. Diese Deutschen erscheinen ihm allzu aufsässig, und *man sollte nicht verkennen, daß die Ungebärdigkeit ein Wesenszug dieses Volkes sei*[98]. Das geht so weit, daß er mit einem Wortspiel die Germanen für *manisch* hält.[99] Reuchlins ausgelassene Streitsucht kommt ihm reichlich deutsch vor.[100] Die *heftige und unbeherrschte Liebe* der Deutschen, meint er, sei recht *beschwerlich.*[101] So unbedingt er die auch von ihm als spezifisch deutsch empfundene Humanität und Verläßlichkeit schätzt [102]: gerade dieser Gefühlsüberschwang hemmt auch wieder entscheidend in der Ausbildung wahrer Civilitas.

So ähnlich hatte er an Zwingli im Vorwort zu jener polemischen *Spongia* geschrieben, mit der er sich 1523 von Hutten absetzte. Der war, krank und gescheitert, aber immer noch voll Unternehmungsfreude, 1522 bei Erasmus in Basel aufgetaucht und hatte ihn um Aufnahme gebeten. Erasmus hatte inzwischen eine unüberwindliche Scheu vor den unberechenbaren Einfällen Huttens.

Die Nachwelt hat es dem delikaten Niederländer durch lange Jahrhunderte übelgenommen, daß er den Ritter vor der Tür stehen ließ, daß

Philipp Melanchthon. Federzeichnung von Albrecht Dürer.
Florenz, Horne-Stiftung

er Krankheit und Tod Huttens bei Zwingli im nahen Zürich (auf der Insel Ufnau) fast wie ein Unbeteiligter hinnahm. Zweihundertfünfzig Jahre später schrieb Johann Gottfried von Herder seine «Helden» – Bildnisse Luthers und Huttens, in denen er sie leuchtend von dem dunklen Hintergrund des timiden Buchgelehrten abhob. Hier entstand aus dem Bestreben des Sturm und Drang wie der Romantik, Ahnen für die eigene Auffassung von Nationalität und Genialität zu finden, das leichtfertige Klischee, an dem schon Christoph Martin Wieland heftig Anstoß nahm. Er wollte «sich seinen Erasmus nicht anschmitzen lassen»[103] und mißbilligte dieses bequeme Verfahren, das den einen mit der Elle des anderen mißt.

Bei allem Unterschied der Temperamente hatte Erasmus Grund zur

83

Vorsicht im Umgang mit dem heißblütigen Anwalt lutherischer Ideen: man begann Erasmus für Luther verantwortlich zu machen. In Löwen hatte der Rektor der Universität, Nikolaus Egmont, ihn von der Kanzel herab als Lutheraner beschimpft. Konnte es Erasmus gleichgültig sein, wenn nun Hutten mit taktisch unklugen Briefen solchen Argwohn noch schürte und schrieb: «Glaubst du, du könntest dich jetzt, nachdem Luthers Bücher verbrannt sind, noch in Sicherheit wiegen? Als ob dessen Verurteilung nicht auch schon deine Verurteilung anbahne, oder meinst du, man dürfe annehmen, daß dessen Ketzerrichter dich verschonen würden. Flieh, ja du fliehe und erhalte dich uns ... Schon klagen jene in aller Öffentlichkeit, daß du der Urheber aller dieser Entwicklungen seiest und daß aus dieser Quelle all das stammt, was jetzt Leo Unbehagen bereitet, du seiest uns vorangegangen, du habest die entsprechende Bildungsarbeit geleistet, du habest als erster den Geist der Menschen mit dem Eifer für die Freiheit entfacht, du seiest jener, von dem wir anderen abhängen ...»[104]

Wie wenig aber der Trennungsstrich gegenüber Hutten eine Absage an Luther und die Sache der Reformation bedeuten konnte, hatte Erasmus im selben Jahr 1520 Philipp Melanchthon zu erkennen gegeben: *Über Luther wird manches berichtet. Soweit möglich begünstige ich ihn, zumal meine Sache mit der seinen in vielerlei Hinsicht verquickt ist ... Diejenigen, die Luther gewogen sind – es sind ihm aber fast alle Guten gewogen –, sollten nur den Wunsch haben, daß er manches höflicher und maßvoller geschrieben hätte. Doch diese Mahnung kommt jetzt zu spät. Ich sehe, daß die Sache auf Aufruhr hinausläuft, und ich bete darum, daß die ganze Angelegenheit Christus nur zum Ruhme gereichen möge. Vielleicht ist es notwendig, daß Ärgernisse kommen, aber ich möchte nicht der Urheber eines Ärgernisses sein. Ich sehe, was für völlig teuflische Absichten jene hegen und daß sie damit nichts anderes bezwecken als Christus zu unterdrücken und unter dem Vorwand Christi zu herrschen. Empfiehl mich bitte Dr. Luther und allen deinen Freunden.*[105]

Wiederum hat die Nachwelt wie auch im Falle Erasmus und Hutten ein Schauspiel gemacht aus der Konfrontation Erasmus' und Luthers. Daß Erasmus gern von der *Tragödie Luthers* sprach, scheint diese Art der Inszenierung sogar zu rechtfertigen. Demnach hat die in der Vergangenheit aus nationalistischen und konfessionalistischen Gründen beliebte hagiographische Verklärung Luthers ein ebenso unglaubwürdiges wie diabolisches Gegenbild des Erasmus provoziert und die Kontroverse in eine Art Exorzismus umgefälscht. Die mit der Gegenreformation einsetzende und von Erasmus so sehr befürchtete Verhärtung der Fronten hat den großen Mahner selbst im Urteil der Nachwelt am stärksten betroffen.

Von den Verurteilungen durch die Sorbonne bis zu der pauschalen Diskriminierung durch neuere katholische Historiker (Joseph Lortz) und zur manchmal peinlich beflissen katholisierenden Mohrenwäsche des Erasmus (durch französische Erasmus-Forscher) führt eine klare Linie: entweder man konfrontiert den sogenannten rationalistischen Frühaufklärer Erasmus mit dem religiösen Genie Martin Luther oder

Ulrich von Hutten. Holzschnitt, 1521

man hebt nach dem Schichtenmodell eine rationalistisch-kritische und eine mit Luther solidarische Schicht ab, um dann in der letzten Schicht einen integralen Katholiken Erasmus zu präsentieren.

Sicher hat der psychologische Reiz der sehr unterschiedlichen Temperamente dieses Inszenierungsverfahren begünstigt, und sicher war es nicht zuletzt gerade der Reiz einer Jahre hindurch währenden Korrespondenz und folgenden wissenschaftlich-theologischen Polemik, die eine kontrastierende Darstellung herausforderte. Dennoch sind jene nationalistischen und konfessionalistischen Vorentscheidungen so nachhaltig gewesen, daß meist statt eines dynamischen Schauspiels bei den

Historikern nur ein simples Arrangement lebender Bilder zustande kam. Das Verhältnis war tatsächlich menschlich und sachlich viel zu nuancenreich und bei jedem Partner mit zuviel Gewichten belastet, als daß man es auf vordergründige Weise in die Formeln «Religiöser Mensch» – «Verstandeskultur», «Nationalbewußtsein» – «Kosmopolitismus» pressen dürfte.

Die Beziehung des Erasmus zu Luther ist auch nach einer späteren und widerwillig vorgenommenen Grenzbereinigung immer von dem redlichen Bemühen um ein eindringendes Verständnis für Luthers Wesensart geleitet. Sein nie widerrufenes Wort von der *Schärfe des Geistes* und dem *christlichen Herz* Luthers [106] ist der bündigste Ausdruck dieser eindringlich gerechten Menschenbeobachtung.

Dem steht freilich bei Luther jene hart und entschieden zupackende Unbedingtheit gegenüber, die die Menschen nach ihrer Zugänglichkeit für die eigene Lehre mißt. So hatte er bereits 1517 über Erasmus festgestellt: «Menschliches gilt bei ihm mehr als Göttliches.» [107] Schärfer als bis dahin Erasmus, der noch keine Zeile von ihm gelesen hatte, brachte er die Gegensätzlichkeit der Ausgangsstellung damit zum Ausdruck. Was er in der Widmung des Psalmenkommentars an Kurfürst Friedrich III. schrieb: «In der mir eigenen Kühnheit habe ich den Würfel geworfen und bin immer bereit, das äußerste zu versuchen und zu

erwarten», das kündigte eine Impulsivität an, die dem Einsatz und Aussichten scharf abwägenden Publizisten Erasmus fremd bleiben mußte.

Luthers erster unmittelbarer Kontakt mit Erasmus, sein Brief vom 28. März 1519 [108] an Erasmus, ist ganz auf freundschaftlich-verehrende Werbung um die Sympathie des berühmten homo literatus gestimmt. Umgekehrt ist die erste bemerkenswerte Äußerung des Erasmus über Luther (in dem Brief an Johann Lang) Zustimmung in der Sache, mit leisen, aber unmißverständlichen Vorbehalten in der Methode: *Ich habe die fade Antwort des Prierias* (auf Luthers Thesen) *gesehen. Nach meiner Ansicht stellt die Monarchie des römischen Pontifex, wie sie nun einmal ist, eine Pest für die Christenheit dar; die Dominikaner reden ihm schamlos in allen Stücken nach dem Munde. Trotzdem weiß ich nicht, ob man dieses Geschwür offen anfassen soll. Das wäre Aufgabe der Fürsten, aber ich fürchte, die machen mit dem Papst gemeinsame Sache, da sie ebenfalls an der Beute teilnehmen. Ich wundere mich, was Eck in den Sinn gekommen ist, gegen Eleutherius* (Luther) *einen Streit vom Zaune zu brechen? Doch welches Menschenherz bezwingst du nicht, heiliger Hunger nach Ruhm* (Vergil, Aen. III)? [109] *Luthers Leben,* so meint er, *billigt ganz gewiß jeder, der ihn kennt. Jeglicher Verdacht auf Habsucht und Ehrgeiz liegt bei ihm fern, seine Sittenreinheit findet infolgedessen selbst bei unreligiösen Naturen Anerkennung ... Wenn niemand*

von uns vom Irrtum frei ist, warum verfolgen wir so unbarmherzig die
Fehler anderer, warum wollen wir lieber triumphieren als heilen, lieber
niederschlagen als lehren? [110]

Es kann nicht bestritten werden, und alle Briefzeugnisse und sonsti-
gen Äußerungen des Erasmus bestätigen das: Erasmus ist in der Sache,
in der Kritik am Papsttum, an der Sakramentenlehre, am Zeremonienwesen, am Ablaßwesen und an der Lehre von der Sündenvergebung wo-
möglich noch radikaler als Luther selbst, wenn er auch seine zweifellos
ätzendere Kritik mit größerem Raffinement einkleidet. Der Vorwurf, er
habe die Eier gelegt, die Luther ausgebrütet habe [111], traf sicher keinen
Unbeteiligten. Nicht nur im eigenen Interesse mußte ihm die Behand-
lung Luthers durch die Kirche unvertretbar erscheinen, sondern auch
weil darin ein Rückfall in die Barbarei zu erkennen war: *Es ist ja viel*
leichter mit Bullen und Scheiterhaufen zu siegen als mit Gründen.[112]
Er nimmt deshalb schließlich auch kein Blatt vor den Mund, wenn er
Rom gegenüber energisch die Aufrichtigkeit und Frömmigkeit Luthers
verteidigt und die Römer spüren läßt, wie bitter notwendig sie die Mahnungen Luthers haben. Er befürchtet allerdings schon in dieser frühen
Phase, daß sich aus der *Härte und dem Ungestüm* in Luthers Wesen un-
heilvolle Entwicklungen ergeben könnten.[113]

Seine Sorge gilt der renascentia literarum, der Erneuerung des Bil-
dungswesens, das von einer religiösen Radikalisierung unheilbaren
Schaden nehmen könnte: *In dieses häßliche Treiben mengten besonders*
bei dem ungelehrten Volk schlaue Menschen die Erwähnung der...
schönen Wissenschaft, als wenn Luther auf diesen Schutz vertraute oder
diesen Quellen die Ketzereien entsprängen.[114] Vor allem in der religiösen Radikalität Luthers und seiner spezifisch deutschen Art, *alles ins*
Volk zu tragen [115], sieht Erasmus Gefahr für den Bildungsfortschritt.
Er kennt seine römischen «Freunde» und ihren willfährigen Anhang
unter den Bettelmönchen in aller Welt nur zu gut, um zu wissen, daß
man die Angriffe Luthers zu einer konzentrischen Polemik gegen die
Bildung (und ihren Wortführer Erasmus) ausnutzen wird. Luther ist für
ihn nicht in dem Sinne Repräsentant der bonae literae und der renascentia literarum. Seine Existenz und seine Aktivität sind nicht primär von
dorther bestimmt und zu erklären. Um so mehr erscheint ihm der Angriff auf die Wissenschaft, die man für Luthers Aktivität haftbar machen möchte, als ein Angriff auf wesentliche Bezirke seines eigenen geistigen Standorts.

Nicht die Ratio schlechthin, sondern die dem Menschen Selbstsicherheit verleihenden «Humaniora» wurden für den Lutheranismus verantwortlich gemacht. *Aus diesem Schlummer*, schrieb Erasmus, *mußte end-*
lich die Welt aufgeweckt werden, und der Funke der Kraft des Evange-
liums neu belebt werden.[116] Schlaf aber waren für ihn die *scholasti-*
schen Lehrmeinungen und die menschlichen Satzungsspielereien.

Die bonae literae, das war Überzeugung und tatsächliche Leistung des
Erasmus, deren Anwaltschaft nahm er für sich in Anspruch, wollte aber
Luther von einem Zusammenhang ausgenommen wissen, der für den
persönlichen Standort Luthers ausscheiden mußte. Weil er Luther besser zu kennen glaubte – trotz aller taktischen Koketterie mit seiner Un-

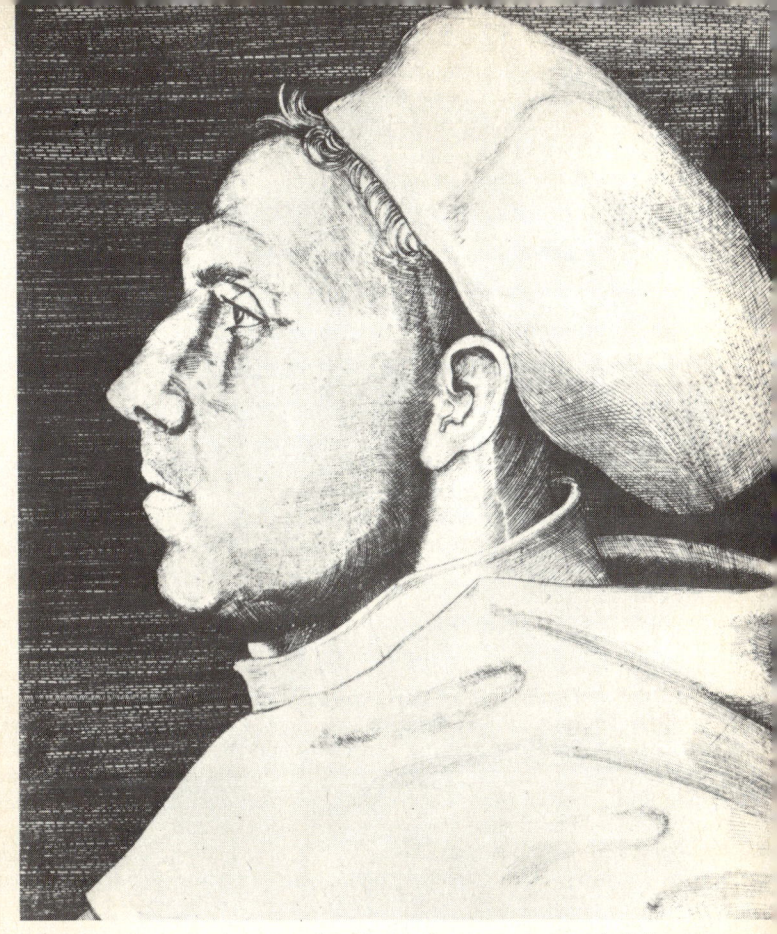

Martin Luther mit Doktorhut. Stich von Lucas Cranach d. Ä., 1521

kenntnis der Lutherschen Veröffentlichungen –, konnte er gegen die bald landläufige Verquickung Luthers mit humanistischen Bestrebungen wohlbegründeten Einspruch erheben.

In der klaren Erkenntnis der grundverschiedenen Wertung der Wissenschaft distanziert sich Erasmus also schon von Luther, dessen radikales Mißtrauen gegen die «Philosophie» ihm ein freundschaftlicheres Verhältnis verwehren muß. Um so nachhaltiger tritt er auch bei zunehmender Verhärtung der Fronten gegenüber Bischöfen und Fürsten für die persönliche Lauterkeit und fromme Gesinnung Luthers ein. Das hindert ihn nicht, die untergründigen Antagonismen mehr und mehr sichtbar zu machen: *An gewisse Dinge mahnt er mit Recht – möchte es nur in ebenso glücklicher Weise geschehen sein, wie es freimütig ist* [117],

schreibt er am 22. April 1519, und am 18. Mai 1519 an Thomas Wolsey: *Ich sage gerade heraus, Intelligenz muß ich lieben, willkürliches
Drauflosschreiben nehme ich einem jeden übel.*[118] Andererseits gab er
Luther (am 30. Mai 1519) zu bedenken, *ob es gut sei, vor dem gewöhnlichen Volk Dinge preizugeben, die besser in Büchern widerlegt oder
zwischen Gebildeten verhandelt würden*[119]. Es ist derselbe Erasmus,
der den Deutschen vorwirft, daß sie *alles unters Volk tragen*[120], der
andererseits sagt, er hätte selbst seine Schriften in der Volkssprache
verbreitet, wenn andere sie nicht schon übersetzt hätten; der immer
wieder Wert darauf legt, daß die Bildung via Buch dem Volk zugänglich
gemacht wird.

Mit zunehmender Verschärfung der Religionsstreitigkeiten gerät
Erasmus in ein Dilemma, aus dem er sich nicht ungeschoren lösen kann.
Zweifellos hat er mit der Popularisierung das sogenannte aufbauende
Schrifttum gemeint, also die Bibel und ihre Auslegung. Es kann aber
kaum bestritten werden, daß er darin ebensowohl sein *Handbüchlein,*
seine *Adagia* und seine *Gespräche* einschloß, die reichlich Zündstoff enthielten. Die Grenze zwischen «wissenschaftlicher» Kontroverse und all-
gemeinbildendem und religiösem Schrifttum war in dieser Situation
und sicher nicht zuletzt durch Erasmus und Luther selbst fließend geworden.

Erasmus selbst hatte «Bücher» so publik gemacht, daß die Warnung,
*vor dem gewöhnlichen Volk Dinge preizugeben, die besser in Büchern
widerlegt oder zwischen Gebildeten verhandelt würden,* sinnlos war;
denn die *Preisgabe* an das Volk, die allgemeine Verbreitung des Buchs
und die Beseitigung der Schranke zwischen Gebildeten und Volk waren
wesentliche Forderungen und weithin schon Leistungen des Erasmus.
Er muß dieses Dilemma selbst gespürt haben; denn wenn er später Ausfälle und Schärfen in seinen früheren Publikationen bedauert, revoziert
er niemals in der Sache.

Bei allen Mahnungen an Luther weiß er durchaus, welche Wirkungen
seine eigene Feder zu erzeugen vermag: *Dir gegenüber werden die Theologen hier etwas milder. Bei mir fürchten sie die Feder; denn sie haben
ein schlechtes Gewissen; ich würde sie schildern, wie sie es verdienen,
wenn nicht Christi Lehre und Beispiel mir anderes geböten ... Soviel
wie möglich halte ich mich neutral, um desto mehr dem Wiederaufblü-
hen der Wissenschaft nützlich zu sein. Meines Erachtens kommt man
mit bescheidenem Anstand weiter als mit Sturm und Drang ... Es emp-
fiehlt sich mehr, laut gegen die aufzutreten, die die päpstliche Autorität
mißbrauchen, als gegen die Päpste selbst. Ich glaube, so muß man es
auch bei den Königen machen. Die Schulen soll man nicht so wohl verachten, als sie zu vernünftigeren Studien zurückzurufen. Bei Dingen,
die so fest eingewurzelt sind, daß man sie nicht plötzlich aus dem Herzen reißen kann, muß man lieber mit beständigen und wirksamen Ar-
gumenten disputieren als schroffe Behauptungen aufstellen. Giftige
Streitereien gewisser Leute sollte man mehr verachten als widerlegen.
Immer muß man sich davor hüten, anmaßend oder parteiisch zu reden
oder zu handeln; so, glaube ich, ist es dem Geiste Christi gemäß. Unter-
des muß man sich ein Herz bewahren, das durch Zorn, Haß oder Ruhm-*

sucht nicht verdorben werden kann, denn mitten im Streben nach Fröm-
migkeit drohen Fußangeln. So mahne ich, nicht damit du nach meinen
Grundsätzen handelst, vielmehr damit du bei deinem Handeln bestän-
dig bleibst.[121]

Schon in dem erwähnten Brief an Melanchthon und seither immer
häufiger gebraucht Erasmus in diesem Zusammenhang den Begriff der
seditio, und das heißt eigentlich der Absonderung, der Einzelgängerei
oder aggressiven Gruppenbildung. Bei Erasmus umfaßt der Ausdruck
die ganze Skala der Töne vom Eigensinn über Parteigeist bis zum Aufruhr. Er setzt diese Erscheinung aber zuerst und vor allem in Beziehung
zur seelischen Konstitution Luthers. Proselytenmachen ist so wenig im
Sinne des Erasmus gewesen wie überhaupt jede Art Parteinahme. Daß
Luther bei seinem Handeln beständig bleibe, war schon der ehrliche
Wunsch des Erasmus. Ebenso aufrichtig äußerte er aber sein Bedenken
gegen jene *seditio,* jene Ab-Sonderlichkeit Luthers. Das ist in seinem
Urteil ebenso gefährlich wie die unverständigen und böswilligen Miß-
deutungen Luthers durch Eiferer aller Art. Hier bahnt sich eine Entwicklung an, die geradewegs zur Sektenbildung führen und in *tumultus*
münden müsse. Wer einen solchen Hang zur Absonderung habe, meint
Erasmus, bringe damit seine im übrigen guten Absichten in Gefahr.

Die Bedenken gegen Luther gelten also immer noch keineswegs dem
Inhalt seiner Kritik an der Kirche. Diese Kritik, so meint Erasmus, müsse man mit der Freizügigkeit der Alten Kirche in solchen Dingen messen, so wie sie auch von den bedeutendsten Kirchenvätern offen geübt
worden sei. Wenn aber nun dieser Eigenwille Luthers zu einem offenen
Kirchenstreit ausarte, in *tumultus* übergehe, dann sei die Ursache dennoch vor allem in der unbestreitbaren Verwirrung der Fronten zu suchen. Politische Rücksichten, die schon traditionellen Ordensquerelen
(zwischen Augustinern und Dominikanern) und der Meinungsstreit um
den Anspruch der neuen wissenschaftlichen Horizonte verhindern nach
dem Urteil des Erasmus eine gelassene und sachliche Klärung und wirken versteifend auf die Position Luthers.

Die Entscheidung ist gefallen, und so sehr auch Erasmus jetzt noch
die Lauterkeit Luthers und die Redlichkeit seiner Absichten anerkennt:
die turbulenten Verhältnisse haben in Luthers religiöser Unbändigkeit
Nahrung gefunden für jenen befürchteten «Tumult», jenen Aufruhr,
der so über Nacht unwiderrufliche Tatsache geworden ist. Das Wort
vom *Ärgernis* [122] und vorher schon von den *Fußangeln mitten in der
Frömmigkeit* war aber mehr als allgemeiner Ausdruck der Besorgnis
und Sorge gegenüber der Eigenwilligkeit Luthers und gegenüber dem
möglichen Aufruhr im Gefolge seines Auftretens. *Wer sich aufs Meer
begibt, hat es nicht in der Hand, den Wogen zu gebieten* [123], schreibt
Erasmus am 1. August 1520 an Luther, fügt aber doch hinzu: *Ich will
dir nicht entgegentreten, um nicht dem Geiste Christi entgegenzutreten,
wenn er es ist, der dich treibt.* Erasmus scheint irritiert, sein kritischer
Geist vermißt jene seelische Gelassenheit, die für ihn identisch ist mit
christlicher Haltung. Er nimmt nicht an Paulus, sondern an der Berg-
predigt Maß und schreibt seine eindringliche Exegese des Herrenwortes
«Mein Joch ist angenehm...» als Geist von seinem Geist. Den Wir-

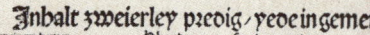

kungen *menschlicher Affekte* mißtraut er gründlich.[124]

Davon bleibt sein Urteil über den äußeren Gang der Reformation im wesentlichen unberührt, da er sie nach wie vor als *eine Tragödie aus Haß gegen die Wissenschaft und Dummheit der Mönche* betrachtet, die *mit viel Geschimpfe und boshaften Intrigen bis zum Wahnwitz gesteigert worden* [125] ist. Im Blick auf dieses gefährliche Heer von Statisten und Claqueuren gewinnt er mehr und mehr *die Ansicht, diese Tragödie könne durch nichts besser besänftigt werden als durch Schweigen* [126].

Weil ihm andererseits die herrische Glaubensinbrunst Luthers als religiöses Phänomen ebenso imponiert wie sie ihm dem Dämon der Selbstherrlichkeit so gefährlich verwandt erscheint, kann er ehrlich sagen: *Vielleicht macht nur wenigen der Aufruhr um Luther soviel Kummer wie mir.*[127]

Von allen Seiten sucht man Erasmus bald zu Äußerungen gegen Luther zu bewegen, es fehlt auch nicht an Bemühungen (gerade seiner besten und treuesten Freunde), ihn für Luther zu gewinnen. Noch dringender setzen ihm manche zu, die drohenden Verwicklungen und Zerwürfnisse aufzuhalten. Solche Erwartungen kommen seinem eigenen Bedürfnis entgegen und bezeugen sogar, daß der Geist erasmischer Konzilianz in Fragen des Glaubens bereits eine Gemeinde gebildet hat.

Parteinahme und Richtergebärde in Fragen der Religion und Wissenschaft aber waren ihm zuwider: *Je verhaßter der Name Ketzerei christ-*

*lichen Ohren ist, um so weniger darf man es dahin kommen lassen, daß
er ohne Grund jemand angehängt wird. Es ist nicht sogleich jeder Irrtum Ketzerei, und es ist nicht sogleich ketzerisch, was diesem oder jenem mißfällt. Die führen nicht immer die Sache des Glaubens, die derartige aufregende Titel zum Vorwand nehmen. Tatsächlich haben die
meisten ihre eigene Sache im Auge, besorgen ihre eigenen Geschäfte dabei und gehen auf Unterdrückung aus.*[128] Die Gottlosigkeit der Ketzer,
meint er noch reichlich zehn Jahre später, *kam ehedem der Kirche sehr
zugute, sie brachte die Lehrbildung in Bewegung und offenbarte, wer
ein wahrhaft Gläubiger sei und wer nicht.*[129]

So bedenklich ihn die Verhärtung Luthers stimmt, er erwartet trotzdem, daß *dieser von Luther erregte Tumult wie eine scharfe Arznei uns
ein wenig gute Gesundheit bringe*[130], und spricht im gleichen Jahr
1524 (!) noch Spalatin gegenüber von der *bitteren und scharfen, welt-
bewegenden Arznei Luthers*[131].

Der Unmut über das selbstherrliche Verfahren der kirchlichen Or-
gane gegen Luther und über ihre dumme Rechthaberei ist immer noch
stärker als die Besorgnis über Luthers Unberechenbarkeit. So sehr auch
die bis dahin fast ausschließlich im Unterschied der Temperamente ge-
gründete persönliche Entfremdung zunimmt, zeigt er sich weiterhin unzugänglich gegen jeden Versuch, sich gegen Luther aufputschen zu lassen
und bleibt bei seinem Entschluß: *Die Theologen meinen, Luther könne*

93

Erasmus. Kreidezeichnung von Albrecht Dürer, 1520. Paris, Louvre

*Erasmus. Gemälde von Hans Holbein d. J., 1523. London,
National Gallery (früher: Longford Castle)*

nur durch eine Schrift von mir entkräftet werden, und stillschweigend fordern sie, ich soll gegen ihn schreiben. Aber ferne sei von mir dieser Wahnsinn![132]

Seinem Freund Zwingli bestätigt Erasmus ein Jahr später, daß er seiner Ansicht nach fast alles gelehrt habe, was Luther lehre, nur nicht mit solcher *Starrheit*, und indem er sich von *gewissen Rätseln und Ungereimtheiten* fern gehalten hätte.[133] Noch klarer enthüllt dies sein Brief an Petrus Barbirius: *Was ich maßvoll und für bestimmte Fälle gesagt habe, hat Luther maßlos verallgemeinert.*[134] Das ist immerhin ein freimütiges Bekenntnis zur Gemeinsamkeit in der renascentia evangelii. So maßlos ihm Luthers Art des Sprechens erscheint, stärker mißfällt ihm dennoch die grobschlächtige Inquisitionsmethode der von ihm sogenannten *pharisaei*. Er fühlt sich berufen, für die Erhaltung oder Wiederherstellung der Lenksamkeit auf beiden Seiten zu werben, und verordnet sich selbst nichts als äußerste Gelassenheit und Wachsamkeit: *Ganz sicher billigen alle Redlichen in beiden Lagern immerhin meine Mäßigung und Lauterkeit. Es will etwas heißen, in solch unruhiger Zeit nicht aus der rechten Bahn geworfen zu werden.*[135] In seinen Löwener Jahren zwischen 1517 und 1521 hätte ihm Nachgiebigkeit gegen die Kontrahenten Luthers und der Entschluß zum Auftreten gegen diesen Ruhm Ansehen und Reichtum gebracht, und doch vermeidet er konsequent jede Parteinahme.

Wie er die Wissenschaft nicht an die Politik verkaufen wollte, Fürstendienst ablehnte und lieber Unstetigkeit und Ungesichertheit hinnahm, statt sich mit fürstlicher Gunst und Abhängigkeit die ihm erwünschte Ruhe des Schaffens zu sichern, so wenig wollte er jetzt materielle Vorteile und Sekurität durch bequeme Parteinahme in Sachen der Religion gewinnen. Dem offenbar ein wenig mißtrauisch gewordenen Freund Johannes Caesarius gegenüber betonte er, er schreibe dasselbe, was er einst geschrieben habe, und er verhalte sich genauso, soweit es eben möglich sei; er gehe aber mit größerer Sorgfalt vor, als seine Freunde glaubten. *Aber*, so schreibt er weiter, *du wärest eigentlich der beste Zeuge dafür, daß ich die Heftigkeit Luthers immer mißbilligt habe, in der Befürchtung, das Ganze könne in blutigen Aufruhr ausarten . . . Wer hätte voraussehen können, daß bei den Deutschen solches Unheil verborgen wäre, wie wir es jetzt sehen?* (Täuferunruhen, Bilderstürmer, Bauernkrieg) *Darauf, sagst du, schienen meine Schriften zu zielen. Worauf denn? Auf Parteibildung etwa? Dagegen hatte ich doch immer Abscheu. Auf Spaltung? Es gibt doch keine Gelegenheit, bei der ich mich nicht dagegen ausgesprochen hätte. Ich bin bis an den Rand des Meeres gegangen; werde ich mir untreu, wenn ich mich nicht kopfüber in die Fluten stürzen will?*[136]

Hier macht sich schon die bittere Erfahrung bemerkbar, daß der Anwalt des Ausgleichs zwischen zwei lautstarken Extremgruppen ein hoffnungsloser Prediger in der Wüste wird. Es scheint genau das einzutreffen, was er unmittelbar nach dem Reichstag zu Worms an Petrus Barbirius geschrieben hatte: *Die Tragödie um Luther ist perfekt; wäre sie doch niemals aufs Theater gelangt! Nur fürchten einige dies, daß wir nämlich eifrig die Skylla vermeiden und dabei in die Charybdis ge-*

Erasmus. Gemälde von Hans Holbein d. J., 1523. Basel,
Öffentliche Kunstsammlung

raten; diesen Sieg aber könnten wohl einige grausamer mißbrauchen,
als es der christlichen Sache dient.[137] Sein Mißtrauen gegenüber den
Machinationen der «pharisäischen» Gegner Luthers war mindestens so
stark wie seine Furcht vor Luthers Ungestüm.

Es mehren sich nach Worms die Aufforderungen einiger Freunde und
vieler interessierten Gruppen an ihn, gegen Luther zu schreiben. Am
meisten drängen seine heimlichen Gegner in den Reihen der Kirchenfrommen. Sie wollen ihn auf diese tückische Art zu einem Widerruf gegen das meiste zwingen, was er selbst seit seinem *Enchiridion* kritisch
und polemisch gegen die Kirche, das Papsttum und die Frömmigkeits-
praxis geäußert hat. Erasmus hat ihre Absicht von vornherein durch-

schaut und weiß, daß er seinen Standort nur wahren kann, indem er sich einem Zweifrontenkrieg aussetzt. *Soll ich wegen seiner Lehre mich und meine Veröffentlichungen in Gefahr bringen?* meint er zu den hoffnungsvollen Erwartungen seiner vielen Freunde unter den Anhängern Luthers. *Aber*, fügt er gegen die andere Seite ebenso entschlossen hinzu, *ich habe alles abgelehnt, was mir angeboten wurde, nur damit ich gegen jenen schreibe ... Für mich steht es fest, entweder gar nicht zu schreiben oder so zu schreiben, daß meine Ausführungen den Pharisäern nicht gefallen.* Grund für diese risikoreiche Haltung ist, daß ihn *die Sache des Evangeliums und des wissenschaftlichen Fortschritts mehr bewegt als die Rücksicht auf irgendwelche Ungerechtigkeiten gegen die eigene Person* [138].

Allerdings verbindet sich diese Unzugänglichkeit für Parteigeist, die Hinnahme einer Anfeindung von allen Seiten dennoch mit einer Geisteshaltung in Fragen der Religion, die wiederum die Temperamentsunterschiede zu Luther offenbart. *Wenn man den Erasmus*, so schreibt er, *nicht als einen schwachen Christen lieben kann, soll man sich ihm gegenüber so befangen verhalten wie man will: ich kann nicht anders sein, als ich bin. Wenn Christus irgend jemand herrlichere Gaben des Geistes verliehen hat und er darauf baut, soll er sie nur zum Ruhme Christi gebrauchen. Mir liegt mehr daran, bescheidenere Ziele zu verfolgen, vielleicht auch sicherere.* [139] Noch unverhohlener kommt diese Distanzierung von der persönlichen Wesensart Luthers zum Ausdruck in jenem Brief an Zwingli: *Er* (Luther) *fügt hinzu, daß man mir in Dingen des Geistes nicht viel zutrauen dürfe. Was das sein soll, verstehe ich nicht. Außerdem meint er, ich hätte wie Moses das Volk Israel aus Ägypten geführt und lasse es nun in der Wüste sterben. Hoffentlich ist e r ein Jesus, der alle in das Land der Verheißung führt!* [140]

Das Körnchen Wahrheit in der Äußerung Luthers blieb Erasmus sicher nicht verborgen, was sein Hinweis auf Jesus doch nur bezeugt. Hier öffnen sich Diskrepanzen, die aber alle kaum auf die Sache, auf den Gegenstand und die Argumente der Kritik an der Kirche selbst, vielmehr auf die dramatis personae in ihrer psychischen und geistigen Konstitution hinweisen.

Soweit hätte dies für Erasmus nie Grund sein dürfen und können, sich dennoch aus seiner Reserve herauszubegeben. Die sachlichen Motive hatten da ihren Ort, wo sich früh schon bei ihm der Verdacht geregt hatte, die ganze, von Luther ausgelöste Entwicklung laufe auf eine unvermeidlich blutige Zwietracht hinaus: *Mir ist nämlich Zwietracht in einem solchen Maße verhaßt, daß mir sogar eine aufrührerische Wahrheit mißfallen würde.* [141]

Man erkennt unschwer: Seine Sorge um die öffentliche Wohlfahrt und den gesellschaftlichen Frieden ist ihm wichtiger als ein noch so vermeintlich vom Geist besessener Anspruch auf Verkündigung der Wahrheit. Er argwöhnt einen Zusammenhang zwischen der Leidenschaft des Verkündens als e i n e m gefährlichen Störfaktor und dem Ausbruch blutiger Auseinandersetzungen.

Als Erasmus im Jahre 1524 mit seiner Diatribe *De libero arbitrio* (*Vom freien Willen*) an die Öffentlichkeit trat, hatte er über alle psy-

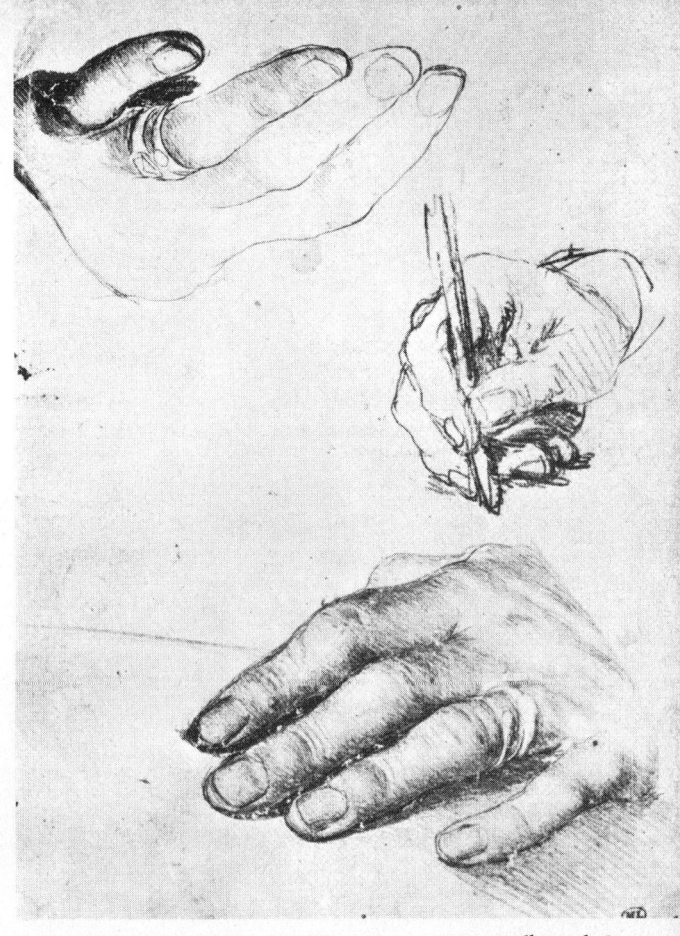

Die Hände des Erasmus. Zeichnungen von Hans Holbein d. J.,
1523. Paris, Louvre

chologischen und sozialen Erwägungen hinweg zwar den fundamentalen Punkt sachlich-theologischer Kontroverse erkannt und formuliert,
aber Ruhm und Gewinn waren von solcher Entscheidung längst nicht
mehr zu erwarten; den Parteien kam sein Beitrag zu spät, außerdem
konnten beide dem gewählten Thema keinen rechten Geschmack abge-
winnen. Das war nämlich sachlich seriös und alles andere als der polemische Panthersprung, den die kirchenfrommen Eiferer erhofft hatten.
So sehr er aber mit dieser Diatribe vorsätzlich die «Pharisäer» enttäuschte, auch der erwartungsvoll gestimmte Luther und seine Freunde
mußten höchst delikate Fragen hören, wo sie Zustimmung, Bekenntnis erhofft hatten.

Jetzt erst war jener ideelle Gegensatz ausgereift, der allein die Aus-

Martin Luther. Gemälde von Lucas Cranach d. Ä., 1526

einandersetzung legitimieren konnte. Er allein konnte und durfte den anfänglichen Entschluß des Erasmus, *in der lutherischen Tragödie Zuschauer zu bleiben,* erschüttern. Das *untragbar Schlechte, mit dem Luther sein Gutes verwirkt* habe, wie Erasmus 1522 an Herzog Georg von Sachsen geschrieben hatte [142], gewann nun Kontur.

Über die *seditio,* die Absonderung, und über *tumultus,* den Aufruhr, hinaus ist bei Erasmus seither mehr und mehr die Rede von einer *novitas,* von einer Neuerung, im Werke Luthers. In seinem letzten Brief an Erasmus hatte Luther geschrieben: «Bleibe nun, wenn es dir beliebt, was du angeblich immer sein wolltest, ein bloßer Zuschauer unserer Tragödie.»[143] Konnte Erasmus das noch, nachdem nicht nur die Auflösung der res publica christiana sichtbar wurde, sondern Luthers Auffassung der renascentia evangelii mit einer radikalen Absage an die Zulänglichkeit des Menschen verquickt erschien?

Was war also genau jene *novitas* und wo sah Erasmus den eigentlichen Differenzpunkt bei so außerordentlich vieler Übereinstimmung? Im bisherigen Briefgespräch war Luthers Abneigung gegen «des Erasmus ewige Zweideutigkeit, die listiger als Odysseus zwischen Skylla und Charybdis durchkommen wolle und schwerer zu fassen sei als Proteus»[144] allmählich erwacht.

Dagegen stand auf seiten des Erasmus dessen Sorge gegenüber dem «Ungestüm» Luthers. Daß Reformation gleichsam Selbstzweck werden

und sich damit an die Stelle des alten Zwanges der Äußerlichkeiten –
des *Judaismus*, wie er gewöhnlich sagte – nun ein neuer, aber eben doch
ein Zwang ausbilden könne, solcher *novitas* galt die Befürchtung des
Erasmus. Doch eben diese novitas zeigte sich ihm aufs engste verbunden mit jener anderen entscheidenden, die er zum Thema seiner Diatribe
machte.

In dem 1529 den *Gesprächen* eingefügten *Evangelismusträger* hat er
diesen Zusammenhang transparent gemacht. Die von den «Evangelischen» – eine Bezeichnung, die ihm ähnlich peinlich und verdächtig
war wie der Exklusivitätsanspruch der römischen Kirche – verkündete
«Freiheit des Christenmenschen» stellte für den Verfasser des *Hand-
büchleins*, des *Lob der Torheit* und der *Adagia* gewiß keine Neuerung
dar, aber eben diese Freiheit blieb ihm immer mit der Fragwürdigkeit
des Irdischen belastet. Dies aber hat er in dem späten Gespräch demonstrieren wollen, daß nämlich eine vom kontrollierenden Willen gelöste
und nur der inneren Stimme überantwortete evangelische Freiheit neue,
ärgere Knechtschaft hervorbringt. Hier wurde das Wesen der Neuerung
manifest: die Art, wie durch die Wortführer der «evangelischen Freiheit» mehr und mehr vollstreckt wurde, was sie verkündeten, hatte für
Erasmus etwas von manischer Besessenheit an sich. Das Ungestüm, die
in der Praxis geradezu inhumane Auslieferung des Menschen an die
alleinwirkende Gnade, die mit einer Art «mera necessitas», finsterer
Unabwendbarkeit, in das Irdische fährt und ihm keinen Raum läßt, ist
die *neue Knechtschaft. Es ist auch besser*, meinte Erasmus in seinem Gespräch *Fischgericht, den Krankheitsherd allmählich ausheilen zu lassen,
als frischweg das Geschwür auszureißen.*[145] Gegen die Radikalität von
Umstürzlern, die sich wahllos im Banne der Gnadenberufung wissen,
meldet sich hier das humane Mißtrauen gegen alles Hingerissensein, gegen alle angeblich teilnahmslose Erwählung des Menschen durch seinen
Gott, die sichtbar in Zügellosigkeit entartet.

De libero arbitrio (Über die Freiheit der Entscheidung) ist Ausdruck
dieser tiefen Sorge. *Unter freie Entscheidung*, sagt Erasmus, *verstehen
wir die Kraft des menschlichen Willens, durch die der Mensch sich zu
dem hinzuwenden oder von dem abzuwenden vermag, was zum ewigen
Heile führt.*[146] Wo diese Kraft nicht anerkannt wurde, entfiel notwendig der Anspruch einer res publica christiana als einer Ordnungsmacht
jenseits der diffusen politischen und nationalen Wirklichkeit. Theologisch argumentiert Erasmus gegen die Unfreiheit des Willens mit dem
Hinweis auf die mit ihr zwangsläufig verbundene Annahme eines grau-
samen Gottes und auf die für den Menschen heilsnotwendige Unsicher-
heit. Ohne daß man die Freiheit der Entscheidung unterstellt, gibt es
aber auch keine Möglichkeit, die Antike als Wegbereiterin bereits auf
das Christentum zu beziehen. *Heiliger Sokrates* ist eine erasmische Formulierung, die theologisch auf jener Voraussetzung gründet.

Wesentlich stärker aber sind die sozialen und pädagogischen Beweg-
gründe: wie sollte eine dauerhafte Friedensordnung, wie Bildung und gesellschaftlicher Fortschritt zu gewährleisten sein, wenn die Lehre von
der Unfreiheit des Willens Verwirrung und Untätigkeit in das menschliche Dasein trägt? Stärker auch als Luther empfindet er den (in einer

wechselvollen Existenz reichlich erfahrenen) dämonischen Untergrund des Lebens, kennt sich besser aus in der menschlichen Psyche und steht in einer aufgeschlosseneren Beziehung zu den geschichtlichen Mächten. Wenn er seine theologische Erörterung mit dem immanenten Hinweis auf die Reifung der Glaubenserkenntnis im geschichtlichen Prozeß verbindet, weist er wie auch in der Aufgeschlossenheit für das Theodizeeproblem auf Leibniz voraus, der 1702 an Königin Sophie Charlotte von Preußen schrieb: «Das Licht der Offenbarung leitet uns inzwischen vermöge des Glaubens, aber man darf mit Grund annehmen, daß man in der Folge der Zeiten durch die Erfahrung selbst mehr davon wissen wird...»[147]

Luther gestand freimütig zu der Diatribe des Erasmus: «Ich rühme dich aus der Maßen, daß du allein von allen den Haupt- und Kernpunkt angepackt hast und mich nicht mit jenen anderen ferner liegenden Dingen belästigst, als da sind Papsttum, Fegfeuer, Ablässe und dergleichen, was da mehr Narrenwerke denn wichtige Angelegenheiten sind... Du allein hast den Angelpunkt gesehen und bist mir an die Gurgel gesprungen, und dafür danke ich dir von ganzem Herzen.»[148] Im Munde seines gläubigsten und mächtigsten Zeitgenossen ist dieses Urteil das gewichtigste Zeugnis für den Scharfblick des Erasmus und für seine Affinität zu den religiösen Problemen der Zeit.

Daran ändert auch die harte und zupackende, mit gewaltigem Bauerntrotz gelegentlich polternde Erwiderung Luthers in der Schrift «Vom knechtlichen Willen» nichts. Erasmus hat ihn mit seiner Diatribe in die Arena gefordert, und nun treibt er es auf die Spitze, formuliert seinen Standpunkt mit einer solchen Unbedingtheit und Härte, daß er im Streit auch nicht vor Spitzfindigkeit und Sophisterei zurückschreckt.[149] In solchen Fällen ergeht er sich mit seinem ungebärdigen Latein in einer herzhaften Schmählust.

Im Verlauf dieser Auseinandersetzung wird Luther die differenzierte Betrachtungsweise des Erasmus immer unheimlicher. Auf der einen Seite steht seine enttäuschte Verehrung für Erasmus, auf der anderen seine weder rechts noch links schauende zielstrebige Glaubensinbrunst. So wird jener Erasmus, der von sich selbst sagte *Ich bin mehr Kritiker als Prophet*, in den Augen Luthers zu einem *gleißnerischen und bildungsstolzen Heiden* [150].

Der so Apostrophierte konnte nichts anderes erwarten von jenem Luther, von dem er selbst meinte: *Luther hält nur sehr wenig von der Bildung, aber sehr viel vom Geiste, der den einfältigeren Gemütern bisweilen etwas eingibt, was er jenen Weisen verweigert.*[151]

Ein Vertumnus (= Gott der Wendigkeit), ein Proteus, das und nichts anderes konnte dieser kritische Geist sein in den Augen Luthers, und auf diesen Teufelsgeist eines Publizisten und Tageschronisten zielte die immer grobianischer dreinfahrende Sprache Luthers. Die stets abwägende, gesellschaftliche Auswirkungen einkalkulierende Betrachtungsweise des Erasmus mußte überaus fremdartig wirken auf die Unbedingtheit Luthers. War es schließlich verwunderlich, daß er ihn einen bildungsstolzen Heiden hieß, wo Erasmus selbst erklärt hatte: *Sicher, gegen Luther sind wir einmal etwas unbillig gewesen in der Besorgnis, er*

*möchte einigen Haß gegen die Bildung hervorrufen, und gerade die woll-
te ich nicht unnötig belastet sehen?*[152]

Auf dieser Linie liegen darum auch die aggressiven, teilweise boshaft
verleumdenden Äußerungen Luthers in den «Tischreden», etwa die
feindseligen Scheltworte gegen des Erasmus Verhältnis zu Natur und
Ehestand.[153] Noch zehn Jahre nachher verkündet Luther, daß «der
ganze Erasmus eitel sei und sich auf Eitelkeit und Lüge stütze»[154].
In dieser unbeherrschten Sprache vermeinte Erasmus den unaufhaltsa-
men Fortgang des Verhängnisses zu sehen: *Wozu dient diese Fratzerei,
dieses Spotten und Schmähen? Zu nichts anderem als auf Erden Unruhe
zu erregen und den Namen des Evangeliums zugleich mit der Wissenschaft aufs höchste verhaßt zu machen... Das Evangelium beseitigt
nicht die Autorität der bürgerlichen Gesetze, sondern stärkt sie.*[155]

Daß das Religiöse auch eine soziale Dimension hat, ist dem *homo
pro se*, wie er in den Briefen der Dunkelmänner genannt wird, stärker
bewußt gewesen als dem Reformator: *Was sich zwischen uns beiden
abspielt, ist nicht so wichtig, namentlich nicht für mich...*[156] Die sub-
jektive Befangenheit Luthers, das, was Erasmus anfangs schon als *seditio*, als Absonderung, bezeichnet hatte, stellt sich ihm auch jetzt, auf
der Akme der eigentlichen Auseinandersetzung, als die Quelle der Ver-
wicklung dar. *Mich quält die öffentliche Not, die unheilbare Verwirrung, die wir nur deinem ungezügelten Gebaren verdanken... ich würde dir einen anderen besseren Geist wünschen, wenn du nicht mit deinem Geiste so sehr zufrieden wärest.*[157]

Der «ehrwürdige, ausgezeichnete Erasmus, der liebe Bruder», so hatte ihn einst Luther tituliert, ist nun für ihn «ein Feind aller Religion und
... Widersacher Christi»[158]; das war eine Entwicklung, die in der stür-
mischen Herzlichkeit des Anfangs ebenso wohl wie in der grimmigen
Abneigung des Ausgangs jenen «Trotz» Luthers bestätigte, der sich
früh abgezeichnet hatte.

Als Erasmus zwei Jahre nach der Diatribe mit gequältem Fleiß in seiner Schrift *Hyperaspistes (Schutzschrift)* Luthers Angriffe in der Schrift
«Über den knechtischen Willen» zurückwies, konnte er weder im Vorwort noch in den langatmigen Ausführungen des dickleibigen Trak-
tats seine wachsende Verdrossenheit über den Streit verbergen. Lediglich sein Ja zur katholischen Kirche fällt etwas kräftiger aus, aber auch
hier wiederum unüberhörbar mitgetragen von dem Bewußtsein der
Fragwürdigkeit alles Menschlichen, das er eben deshalb vor der Versuchung gewaltsamer Entscheidungen bewahren möchte: *Von der katholischen Kirche bin ich nie abgefallen. Ich weiß, daß es in dieser Kirche, die ihr die pfäffische nennt, viele gibt, die mir mißfallen; aber solche sehe ich auch in eurer Kirche. Man trägt die Übel leichter, die man
gewohnt ist. Darum ertrage ich diese Kirche, bis ich eine bessere sehen
werde, und sie ist wohl genötigt, auch mich zu ertragen, bis ich selbst
besser geworden bin. Und der fährt nicht unglücklich, der zwischen zwei
verschiedenen Übeln den Mittelkurs hält.*[159]

Man sieht deutlich, was viele andere Äußerungen dieser und der folgenden Jahre bestätigen: das Ja zur katholischen Kirche galt einer anderen, besseren, als es *die Monarchie des römischen Papstes* sein konn-

te; denn die ist ja auch hier eines der beiden Übel, von denen Erasmus Abstand nimmt.

Der Freiburger Jurist Ulricus Zasius empfand das große Zerwürfnis als ein Versagen hart vor der Begegnung: «Wenn Erasmus so unbedenklich hätte schreiben und so leidenschaftlich hätte deuten wollen wie Luther und wenn umgekehrt Luther sich die Gewandtheit und Meisterschaft des Wortes, den Sinn für Maß und die Weisheit des Erasmus zu eigen gemacht hätte, wo gäbe es einen Menschen, den der Himmel mit reicheren Gaben ausgestattet hätte? Beiden bin ich herzlich zugetan, den Erasmus ziehe ich persönlich vor.»[160]

Der Ablauf der «Tragödie» hat Luthers «Indifferenz gegenüber der Welt»[161] und das Vertrauen des Erasmus in die Kraft des Logos als unvereinbare Größen ausgewiesen. Es war Ironie und bitterer Ernst zugleich darin, als Erasmus sich einen Kritiker und keinen Propheten genannt hatte. So schrieb er in diesem Bewußtsein an die Brüder Peter und Christoph Mexia in Spanien: *Ich habe bescheidene Anmerkungen oder Kommentare für Wissensdurstige und gute Menschen geschrieben und glaube nicht, Vorbehalte oder gerichtliche Schuldscheine zu schreiben.*[162]

Offenheit für Gespräche

Nur mit steigendem Unbehagen hatte sich Erasmus in den Streit mit Luther hineinziehen lassen. Als er den *Hyperaspistes* schreibt, hat er schon *Widerwillen gegen die lästige Arbeit*, und er hat *vor diesen ränkevollen Streitereien nicht weniger Abscheu als vor den Pforten der Unterwelt*[163]. Seine größte Sorge war es, daß er schließlich im Streit um den freien Willen den Beifall der falschen Partei auf seiner Seite hätte. So ist es durchaus kein Zufall, daß er seit 1518, mit Nachdruck seit 1522, *Colloquia* (*Gespräche*) herausgibt, erweitert und zuspitzt, in denen er hartnäckig Kirche und Frömmigkeitsleben kritisiert. Es ist, als wolle er sich von der harten Fron theologischer Traktate (*Von der Freiheit der Entscheidung, Hyperaspistes*) durch publizistische Abenteuer entlasten. Nun geschieht das nicht zum rein literarischen Zeitvertreib. Als er fünf Minuten nach zwölf gegen Luther schrieb, konnten jene *Pharisäer* dennoch versucht sein, ihn zu den ihren zu zählen.

So ging denn alles das in die *Colloquia* ein, was er sich auf der strengen Ebene der theologischen Disputation versagen mußte. Sie ließen an Polemik gegen kirchliche Machtanmaßung, gegen Mißbrauch des religiösen Bedürfnisses, gegen Aberglauben und Verweltlichung nichts zu wünschen übrig. Von Ausgabe zu Ausgabe verstärkte er diesen Akzent und verteidigte seine kritische Position beharrlich gegen alle Versuche auch guter Freunde, ihn zu Milderungen oder Abschwächungen zu bewegen. Es ist geradezu bemerkenswert, «daß Erasmus unter dem Druck der Angriffe eher bereit ist, seinen Spott selber zu deuten als darauf zu verzichten»[164].

Die ursprüngliche Absicht und die Form dieser *Gespräche* erleichterten ihm ihren Gebrauch als Instrument im Kampf gegen die Ortho-

FAMILIA·
RIVM COLLOQVIORVM
FORMV/
LAE,
ET ALIA QVAEDAM,
PER DES. ERAS
MVM ROTE/
RODA/
MVM.

doxie und für die Liberalität. Ihre Entstehung führt zurück in seine Pariser Zeit um 1497, die endgültige Form erhielten sie 1524, wurden aber auch dann noch Jahr um Jahr vermehrt. Wilhelm Dilthey hatte den Erasmus wohl kaum gelesen, als er ihn so apodiktisch zum Anwalt des reinen Verbalismus abstempelte. Nichts weniger wollte Erasmus. Weder behagte ihm der überlieferte dürre Stil der Exempla, der sogenannten Beispielsammlungen, noch hatte er es auf ostensible literarische Kunststücke abgesehen: *Wieviel mehr gehen die Possen des holländischen Schriftstellers, die man Kolloquien nennt, von Hand zu Hand als die Schriften des Longolius, obwohl diese doch durchgefeilt, ciceronisch und – wie die Griechen sagen – eigentlich reines Wortgeklingel sind. Was ist der Grund? Was wohl anderes als daß in jenen der Gegenstand selbst, wie er auch immer stilistisch gestaltet ist, den Leser gefangennimmt und in Bann hält; bei diesen aber, weil sie leeres Gepränge sind, und kein Leben darin ist, schläft und schnarcht der Leser.*

Nützlichkeit macht sogar einen mäßigen stilistischen Glanz noch emp-fehlenswert. Was nur Vergnügen bereitet, kann nicht lange gefallen, zumal bei denen, die die literae studiert haben, nicht nur um sich ge-schliffener auszudrücken, sondern auch um richtiger zu leben.[165]

In seinen Gesprächen wollte er zugleich passende Unterrichtsstof-fe zur Verfügung stellen. Was könnte aber im Geiste des devoten Pragmatismus sonst Unterrichtsstoff sein als lebendige Situationen, die formenden Einfluß auf das Verhalten junger Menschen auszuüben ver-möchten?

Für die *Gespräche* galt, daß der *Konflikt wie eine Ringschule der Geister Energien freilegt, anregt und vermehrt*[166]. Entsprechend soll-ten junge Menschen mit dem sprachlichen Rüstzeug für das Bestehen solcher Konfliktsituationen versehen werden. Da sich hier Wort und Sache als eine untrennbare Einheit vorstellen, werden diese *Gespräche* Einübungen bestimmter elementarer Verhaltensweisen, die man sich aber diskutierend und nicht reproduzierend aneignet. Sie erhalten im aktuellen Bezug zur Zeit ihren besonderen Charakter als Formen und Ausdruck der Zeit selbst. Daß das Lernen unterhaltsam sein soll, ist nur e i n beiläufiges Teilziel dieser pädagogischen Grundabsicht, die auf «Konfliktpädagogik» in lebendiger Auseinandersetzung mit der Zeit zielt.

Nach ihrer formalen und inhaltlichen Bestimmung wird die literari-sche Gattung des Gesprächs unter der Feder des Erasmus zu einem vor-züglichen Medium provozierender Zeitkritik. Im Unterschied zu den *Adagia* wie zum *Lob der Torheit* wählt und entwickelt er hier eine li-terarische Form, die ihm beides ermöglicht: einmal die Ambivalenz ei-ner jeden Position vorzuführen, dann aber auch die Kritisierten und ih-re Position selbst an der Dramaturgie der Diskussion zu beteiligen. Sie erlaubt ihm ebenfalls, die paradoxen Standpunktwechsel im Gespräch darzustellen. Schließlich kann der Autor selbst seine eigene abwägen-de Stellungnahme durch das Mittel der Rollendifferenzierung veran-schaulichen und zugleich im wohlverstandenen Interesse der Selbster-haltung (gegen den ständig wachsenden Argwohn der Inquisition) eine «falsche Partei» in trügerische Sicherheit wiegen. Erasmus hat die zu-nächst mit leichter Hand und spitzer Feder hingeworfenen Gesprächs-formeln so zu einem höchst gefälligen Kompendium der Sprach-, Le-bens- und Glaubenslehre ausgebaut.

In einem schmiegsamen und lebendigen Latein wird ein Sprachbe-wußtsein erkennbar, das sowohl der dürren Gebrauchsgraphik der scho-lastischen Kathedersprache als auch dem klassizistisch-humanistischen Denkmalskult diametral entgegengesetzt ist. Er begnügt sich nicht da-mit, das Latein von der spätmittelalterlichen Erstarrung und Verkru-stung zu befreien, ebensowenig damit, den Wortschatz durch verges-sene oder mißachtete sprachliche Bestandteile zu erweitern oder lediglich aufwendige Stilkosmetik zu treiben. Sein wacher Sinn für den Anspruch der Volkssprachen lehrt ihn, daß das Lateinische als ein internationales Instrument gelehrt-literarischer Kommunikation jedoch nur m i t die-sen Sprachen bestehen könne.

Die Lebenslehre dieser *Colloquia* zielt auf die Werte der Gesundheit,

Erasmus. Kupferstich von Albrecht Dürer, 1526

Reinheit und Ordnung. Trotzdem sind die *Gespräche* durchaus keine Dokumentation der Lebensfeindlichkeit oder eines asketischen Tugend- rigorismus. Die Szenerie verrät gleichermaßen ästhetisches Behagen und Sinn für lebendige Fülle, eine Eigenart, die durch anekdotische Er- zählfreude und bisweilen sogar derbe Intermezzi nur noch gewinnt. Der Palette lebendiger Gesprächssituationen fehlen deshalb auch nicht ge- wagte Varianten (etwa das Gespräch zwischen einem jungen Mann und einem Freudenmädchen).

Die für den geistigen Sohn der Devotio besonders heikle Aufgabe, s e i n e n Puritanismus zu bekennen, dem Fetischismus und Gesetzes- positivismus abzuschwören und doch Sinn für lebendige Verwirklichung zu bewahren, suchte er in den Gesprächen *Wallfahrt* und *Fischgericht* zu lösen: *Die Propheten haben ja das Ende solcher Gesetze nach der Herrschaft des Fleisches vorhergesagt, und die Apostel haben schon ihre Entbehrlichkeit gelehrt. Dann entstehen auch unter den menschlichen Satzungen bisweilen ungerechte, törichte und anrüchige, weshalb sie durch obrigkeitliche Vollmacht außer Kraft gesetzt werden oder durch einstimmige Mißachtung beim Volke. So etwas gibt es bei den Gottesgeboten nicht. Dagegen weicht die menschliche Satzung von selbst, wo der Grund des Gesetzes entfällt . . . Überdies hat eine Menschensatzung nur Gesetzeskraft, wenn sie mit Übereinstimmung der Betroffenen zustande gekommen ist. Ein Gottesgebot bedarf keiner Prüfung und kann nicht außer Kraft gesetzt werden. Als Moses das Gesetz verkündete, verlangte er die Zustimmung des Volkes nicht, weil das notwendig gewesen wäre, sondern um das Volk stärker zu binden. Verachtung gegen ein Gesetz, das man selbst gebilligt hat, ist nämlich doppelt unverschämt. Da schließlich menschliche Satzungen, die Anordnungen für das körperliche Leben enthalten, Wegweiser zur Frömmigkeit sind, scheint ihr Anspruch zu schwinden, sobald jemand zur Kraft des Geistes vorgedrungen ist, so daß er solcher Schranken nicht mehr bedarf. Nur muß er sich nach Kräften hüten, schwachen Seelen oder Kleingläubigen, die guten Willens sind, ein Ärgernis zu geben . . . Manche Gesetze sind wie Arzneien; je nach der Krankheitsursache ändern diese sich oder verlieren ihren Wert, und es kommt immer auf das Urteil des behandelnden Arztes an. Würden die Ärzte immerzu das gleiche einmal eingeführte Heilmittel gebrauchen, würden auch mehr Menschen sterben als gesunden.*[167]

Es blieb also in diesen Gesprächen kein delikates Thema unberührt, das den Autor nicht unbedingt nach allen Seiten in Konflikt verstrickt hätte. Schon die noch schmälere Ausgabe von 1522 hatte die Öffentlichkeit neugierig gemacht, weil sie «wie kein anderes Werk des Erasmus die Orthodoxen in Harnisch brachte»[168]. Sie fanden nämlich schnell Eingang in die Schulen und Studienplätze. «Diese so vielfältigen Dialoge trugen mehr als ein anderes Buch des Erasmus dazu bei, den geistigen Horizont der iberischen Öffentlichkeit zu erweitern.»[169] Was für Spanien und Portugal zutraf, galt in noch stärkerem Maße für fast alle übrigen Länder Europas.

Immerhin bedeutet das Vordringen der *Gespräche* in die spanische Öffentlichkeit eine entscheidende Stärkung der dortigen Erasmistas, zu denen die geistige Elite der iberischen Halbinsel gehört. In Lissabon wirkte in einflußreicher politischer Stellung der Freund des Erasmus Damian van Goes. Dieser Erasmismo fand bei Erasmus Widerhall: *Die Spanier sind mir lieber als meine eigenen Landsleute oder irgendein anderes Volk.*[170]

Die Gegner rekrutierten sich auch in Spanien vornehmlich aus den Reihen der Bettelmönche, so daß zur Blütezeit dieses Erasmismo das Wort «Quien dice mal de Erasmo o es fraile o es asno» («Wer schlecht von Erasmus spricht, ist entweder ein Bettelmönch oder ein Esel») die Runde machte. Die Gegner in der Konferenz von Valladolid 1527 boten den ganzen Apparat der Inquisition auf, aber noch konnten die einflußreichen Erasmianer mit Hilfe des Hofes und des wohlgesinnten

Kaisers den Prozeß blockieren und eine Verurteilung der Schriften des Erasmus verhindern.

Die Sorbonne veröffentlichte am 7. Juli 1531 ihre Verurteilung. Sie konnte sich dazu durch den langatmigen Federkrieg ermuntert fühlen, den der italienische Fürst Alberto Pio Carpi seit 1525 gegen Erasmus führte. Jener wollte ihn für den Ausbruch der Reformation verantwortlich machen und hatte säuberlich aus 23 Büchern des Erasmus eine Phalanx inkriminierter Stellen zusammengetragen. Verärgert über den lästigen Zwang zu Erwiderungen machte der Angegriffene makabere Scherze über das prätentiöse Lebensende des Fürsten.[171]

«Als Erasmus den Alberto Pio als Opfer aussah, scheint er vergessen zu haben, daß Italien nicht mit dem gleichen Eifer erasmisch war wie die nordischen Länder und der größere Teil Spaniens.»[172] Im «erasmischen» Spanien hatte sich das Klima auch mehr und mehr verschlechtert. Dort veröffentlichte der spätere Hofhistoriograph des Kaisers, Juan Ginés de Sepúlveda, eine «Antapologia», mit der er den von Erasmus zerzausten Fürsten Pio Carpi rechtfertigen wollte. Noch blieb er Erasmus gegenüber leidlich zurückhaltend, wie man ja auch in Valladolid im Gegensatz zu den schlechten Gewohnheiten der Sorbonne beabsichtigt hatte, den Autor zu den inkriminierten Stellen selbst zu hören. Jedenfalls nahm die Reaktion nun bis 1535 so zu, daß man dem Erasmisten Vergara den Prozeß machen konnte. Mit dessen Verurteilung wegen Lutheranismus und Illuminismus beginnt die Verfolgung und schließliche Auslöschung des Erasmismo in Spanien. «Die Nachricht vom Tode des Erasmus [ein Jahr später] traf in eine von Unheil bleierne Stille.»[173]

Auch aus seiner zweiten Heimat, aus England, häuften sich in diesen Jahren gerade wegen der *Gespräche* die Hiobsposten über Verdächtigungen. Auf einen Brief seines alten Freundes, des Bischofs John Longlond, der ihm darüber berichtet hatte, antwortet er 1528 mit einer ausführlichen Verteidigung der *Gespräche* gegen die Vorwürfe der Häresie, der Obszönität und Laszivität.[174] Wie zu allen Zeiten üblich arbeiteten die gereizten Machthaber also auch hier mit dem Vorwurf, er verderbe die Jugend. Was Sokrates widerfahren war, wurde sichtbar zu einem Abwehrmechanismus, mit dem politische und kirchliche Autoritäten jeweils Angriffe ablenkten.

Im Jahre 1529 hatte die Sorbonne in Paris einen ganz großen Erfolg in ihrem jahrzehntelangen Hetzkrieg gegen Erasmus. Trotz guter Beziehungen zum König hatte der Freund und Übersetzer des Erasmus, Louis de Berquin, nach einem wechselvollen Prozeß auf Geheiß der Theologen den Scheiterhaufen besteigen müssen. Hauptgrund war der Umstand, daß Berquin die inkriminierten Schriften ins Französische übersetzt hatte. Wie im Falle Luthers wurde es auch Berquin zum Verhängnis, daß er die «Ketzerei» in der Volkssprache publik gemacht hatte. Vielleicht war das ein Grund mehr, warum Erasmus selbst trotz seiner wiederholten Plädoyers für die Volkssprache konsequent beim Lateinischen blieb.

So bewegte sich der scharfzüngige und spottsüchtige Rotterdamer immerzu hart am Rande des Abgrunds. Die Vorgänge in Spanien, Eng-

Von der Inquisition in Spanien zensuriert. Durchgestrichenes und entstelltes Bildnis des Erasmus, aus der «Cosmographia» von Sebastian Münster

land und Frankreich machten es deutlich, daß er zeit seines Lebens gut daran getan hatte, nicht den Bekenner zu spielen. Von Märtyrerkronen, zu denen Dürer ihn ermuntern wollte, hatte er immer schon ebensowenig gehalten wie später Nietzsche. Sein Temperament, seine Skepsis gegenüber großen Worten, die so leicht zu hohlen Phrasen geraten, seine Liebe zum Leben, endlich seine tiefinnerliche Verachtung gegen Machthaber aller Schattierungen hinderten ihn gründlich, sich ans Messer zu liefern.

Statt dessen, und um seine Wahrheiten auch weiterhin sagen zu können, hatte er eine Art Defensiv-Rhetorik entwickelt, in deren Konzept auch die Gesprächsform paßte. Selbst da, wo er nun im fast täglichen

Kleinkrieg diese Gespräche verteidigte, sah er sich gezwungen, seine Stellung zu tarnen. Mit barock aufgetragenem Beteuerungssoll im Unwesentlichen irritiert er die Aufmerksamkeit seiner Gegner. Seine Rechtgläubigkeit beiläufig als unbezweifelbar und selbstverständlich gleichsam mit der linken Hand unterstellend, weist er mit schöner Regelmäßigkeit auf die Gefährdung für Bildung und Fortschritt hin. Da, so erklärt er seinen Gegnern in aller Ausführlichkeit, liege das Ziel aller Angriffe auf ihn. Tatsächlich leite diese Leute nur der Haß gegen den wissenschaftlichen Fortschritt, den man in seiner Person treffen wolle.

Erasmus wußte sehr wohl, welchen Einsatz er wagte. Gerade die römischen Kirchenoberen wie auch die kirchliche Führungsschicht außerhalb Roms wollten keinesfalls im Urteil der Öffentlichkeit als Bildungsfeinde abgestempelt sein. Keiner mochte sich im Grunde vom Prestige der renascentia literarum ausgeschlossen wissen, und so traf Erasmus sie mit dieser Taktik sehr gezielt. Sie spielten, oft genug mit saurer Miene, den Förderer und Mäzen, und Erasmus hatte die Wortführer der renascentia literarum ebensowohl auf seiner Seite wie die der renascentia evangelii. Man konnte sich nach dem Debakel von Köln und Paris nicht leichtfertig in den Geruch der Dunkelmännerei bringen. Es blieb aber unvermindert riskant, auf die Protektion bestimmter Fürsten, e i n e r Partei oder e i n e s Bekenntnisses zu verzichten.

Gewonnen hatte Erasmus dagegen das europäische Publikum der ernsthaft fortschrittlich Gesinnten, ein Gewinn, der ihn zu immer neuen publizistischen Anstrengungen, ja Abenteuern herausforderte. Die Freunde des Erasmus hatten ihre unverhohlene Schadenfreude, wenn die Hüter der Orthodoxie mit knirschenden Zähnen die scheinheiligen Beteuerungen des Erasmus, daß die Rechtgläubigkeit außer Frage stehe, ernst nehmen mußten. Nur so ist es verständlich, daß Erasmus durch Jahrzehnte ein scharfer Kritiker der Kirche blieb und dennoch nicht nach altem Brauch einfach von der Inquisition aus dem Verkehr gezogen werden konnte. Alle *herkulischen Mühen* literarischer Wirksamkeit in die europäische Weite standen im Dienst solcher Selbstbehauptung.

Eine Lebenslüge? Keinesfalls. Denn Erasmus blieb hinter allen Maskeraden und Schachzügen derselbe, er ließ sich nicht einfach als Ketzer mundtot machen. Wo immer und wie immer er den Verdacht der Ketzerei abwies und sich zu Kirche und Papsttum bekannte, tat er es, ohne daß er seine Angriffe auf den Primat und auf den Anstaltscharakter der Kirche abgeschwächt hätte und ohne den Reformatoren an spirituellem Ernst nachzustehen. Nur war ihm die Sache des Glaubens u n d der Bildung zu wichtig als daß er sie in seiner Person denen preisgegeben hätte, die er unsäglich verachtete. Sie war ihm zu wichtig, als daß er sich seine Radikalität für materielle Sicherheiten hätte abkaufen lassen.

Deshalb war ihm auch die klägliche weltliche Obrigkeit in ihrem inhumanen Herrschaftsgebaren zu fragwürdig, als daß er ihren ausschließlichen Schutz angenommen hätte. Gewiß, Situationen nutzte er zum Vorteil seiner Lage und seiner Pläne, aber er machte sich nicht zum Sprachrohr. Jede Partei stand in einem unausbleiblichen Gefälle

S. P. Quas ex Italia venerias ad me dedisti, nihil
potuit Mihi accidere gratius Tantum adfuere volup-
tatis ac solatÿ.

tuam in affingendo ornatus. Antonio vel Apollinem
vel Apollinem praestare queam Sed Me doleo propano di
contigisse Chorylin, quos de re non nihil attigi prox-
mis litteras, quas huius urbe tabellario publico
meo dedi, qui eas tuas ni fallor attulerat
eius diuturno imperante paupertas matrimonÿs,
vnde pronubam, Monstra Maris nullam mala. Vtinam
Sit Germaniae tranquillandae felix. Cesar nimium
heret Italiae, ac plus satis id negocer vnatur animi
pontificis, in eius gratiam vngit florentissimam
Italie ciuitatem. Germaniae tragoedia nulla
videa Catastrophen; in deus quispiam insperato
sese proferat e machina. Si legisti nostram epistolam
ad venetum, Me ostendi, viam facientes hortor
tuum ltbus qq ea epistola mihi in agnos tumult
exortum Argentorat, quin nec ciuitatem attigeram
nec sortem ipsam, sed quosdam qui sacrantos
Euangelÿ, sua vita losum rursum eius vi-
dori volunt propugnatores, nec minus libere
partem alteram attenuens. vario me ad alteras
litteras tuas. Si Liuium metus vocat nonerunt
audeth miserabilem historiam. venit hic
pridem. R. D. Christophorus episcopus Augustensis
us ob aliud, nisi ut videret Erasmum, quem ad-
modo acerbam Attulit duos porta magni prÿ, et in
his ducatos florenos, Domino se seruum non
re tineris et benignitatis pomiter. Ceterum ego
nihil illo vidi, vel humanius, vel morebus
rationabilem. De Italia accedo tua sententia,
nisi quod hinc aliquis migrarer libere, in ciuitate
frequentiorum. Vbi typographi videceim e nos-
rare Francofordiae statutum aliquid De Augusto
adenda nihil dorem potest nisi fratres omnibus.
At quando hoc futurum est. Et interim an hic
Leder litteras nostro, maxime si Cesar

Brief des Erasmus an Johann Choler. Freiburg, 13. April 1530

zu Gesinnungszwang, zu Terror und Barbarei, war also im Prinzip inhuman.

Nichts beweist die entschiedene Kontinuität im reformatorischen Denken des Erasmus wirksamer als dieser ein volles Jahrzehnt bis gegen das Ende seines Lebens währende Kampf für die *Gespräche*. Unter anderen Vorzeichen mag man die kaum abreißende Folge von Apologien und Spongien (= Schwämme zum Abwaschen) als Ausdruck von Rechthaberei und Altersstarrsinn betrachten. Hier geht es dem Autor darum, gerade denen gegenüber sein Gesicht zu wahren und den Ernst seiner Position zu bestätigen, die wie er entschiedene Kritik am Bestehenden mit Offenheit des Standpunkts verbinden wollen.

Ein Jahr vor seinem Tod macht er in der Auseinandersetzung mit italienischen Gegnern seinem Briefpartner Johann Choler deutlich, daß er auch jetzt dem Papst gegenüber ebensowenig ein Blatt vor den Mund nimmt wie er das im *Julius exclusus* getan hat – und das obwohl er Tag für Tag mehr erfährt, wie empfindlich man gerade in diesem Punkt ist. *In einem solch ausgelassenen Wortgefecht, wo die Krieger mit Lobsprüchen in den Himmel erhoben werden und wir immer wieder lesen «Gegen den Willen von Göttern und Menschen», «Wo so viele Gottlo-*

113

sigkeiten und Ruchlosigkeiten gegen Götter und Menschen begangen sind» und *«daß alle Nationen in der Verehrung der Götter von Italien übertroffen wurden»* und *«Bei den Göttern möge man sich hüten»* wird nirgendwo Christus genannt, wo man doch mit viel Wortaufwand seinem Ärger über den für die christliche Religion so verletzenden Wind aus dem Norden Luft macht.[175]

Als unter Freunden und Schülern des Erasmus reformatorischer Eifer aufkam, mußte man den Eindruck gewinnen, daß sie eigentlich seine Ideen verwirklichen wollten: *«Sie waren die Erben seiner Verinnerlichungstendenz wie auch im Verhältnis zu allen äußeren Formen der Religion.»*[176] Mit dem Blick auf sie hatte er immer wieder gesagt, er *mache den Gamaliel.* Karlstadt und Müntzer, bei allem so unerasmischen Radikalismus dem Rotterdamer doch im Streben nach Verinnerlichung verwandt und sicher von ihm mitbeeinflußt, erschienen in Basel, ebenfalls der Franzose Guillaume Farel. Schon die Erwartungen der Radikalen von draußen, die sich doch in seinen *Gesprächen* auf ihre Art bestätigt fühlten, waren Erasmus beschwerlich. Am ärgsten setzte ihm Farel zu, der in Basel die sogenannten Sakramentierer mobilisierte (die wie Zwingli die leibliche Gegenwart Christi im Brot leugneten) und ihm inhumane Unduldsamkeit ad oculos demonstrierte. Er bezeichnete den Erasmus als einen Balaam. *Ich lehnte Pfründe und ein Geldangebot des Papstes ab,* sagte Erasmus, *ich nehme an, daß er mich zum Balaam macht.*[177] *Ich habe niemals,* meint er über Farel, *einen Menschen gesehen, der in seiner Arroganz zuversichtlicher, in seiner Bösartigkeit ausfallender oder in seiner Lügenhaftigkeit unverschämter ist. Selbst die Lutheraner konnten die unstillbare Aggressivität dieses Menschen nicht ausstehen.*[178] Bei aller Gemeinsamkeit in der Sakramentenlehre und in der Ablehnung des religiösen Formalismus schieden die Geister sich da, wo Gesinnungszwang aufkam.

Bis dahin hatte in Basel eine Art religiöser Pluralismus geherrscht, der bewußt jeden Druck in diese oder jene Richtung vermied. Erasmus hatte an diesen toleranten Verhältnissen einigen Anteil. In einem vom Rat der Stadt Basel erbetenen Ratschlag hatte er 1525 eindringlich zu solcher Mäßigung und zum Ausschluß aller *seminaria seditionum* (Pflanzbeete der Entzweiung) angehalten. Sein alter Freund und Mitarbeiter (bei der Edition des Neuen Testaments) Oekolampadius war durch Konrad Pellikan radikalisiert. Daß sich nun seine eigenen Freunde in seiner Kirchenkritik die Legitimation zu radikalen Maßnahmen holen wollten, verstörte Erasmus aufs heftigste.

Als es in Basel zum Bildersturm kam und in Abschaffung der Messe und Intoleranz ausartete, waren seine Tage dort gezählt. Seine Übersiedlung nach Freiburg 1529 war kein Bekenntnis zur römischen Kirche, ebensowenig eine Absage an die Reformation, vielmehr eine klare Entscheidung für die Toleranz, die allein concordia und consensus zu gewährleisten vermag. Es sollte im Streit der Meinungen unter allen Umständen gesichert sein, daß eine jede Richtung in Frieden und Freiheit ihren Beitrag zur Erhellung der Wahrheit leisten könne.

Johannes Oekolampadius. Gemälde von Hans Asper. Basel,
Öffentliche Kunstsammlung

Der Januskopf des Humanismus

Der Dialog *Ciceronianus* aus dem Jahre 1528 hat durch Jahrhunderte ein völlig unverdientes Schattendasein geführt. Ohne jede Spur von Aufmerksamkeit für seine eigentliche Zielrichtung nahm man lediglich den esoterischen Kampf gegen das Stilprinzip eines extremen Ciceronianismus wahr, gegen das Bestreben also, beim Gebrauch der lateinischen Sprache am Wortschatz und Stil Ciceros Maß zu nehmen. Den wenigen Lesern, die damals seine Kritik an der restaurativen Gesinnung vornehmlich italienischer und französischer Humanisten bemerkten, mißfiel diese Absicht, weil man Zweifel an der kanonischen Bedeutung der italienischen Renaissance für unzulässig hielt. Erst unter dem Eindruck einer undogmatischen Renaissance- und Humanismusforschung verdient auch der *Ciceronianus* aufmerksamere Beachtung.

In diesem Dialog verbinden sich literarästhetische mit pädagogischen, theologischen und politischen Überlegungen. Mit dem Cicero-Kult faßte er eine ganz bestimmte Zeitströmung, die er als einen gefährlichen und in vieler Hinsicht lebensfeindlichen restaurativen Geist auf allen Gebieten zu identifizieren glaubte: *Für Leute, denen es genügt, ein Schatten Ciceros genannt zu werden, mag das etwas sein; i c h möchte nicht einmal Schatten des Apollon genannt werden. Lieber möchte ich schon ein lebendiger Crassus sein als ein schattenhafter Cicero.*[179] Wer

115

die Literatur der Vergangenheit, das ist die entschiedene Meinung des Erasmus, zum Maßstab erhebt, nimmt dem künstlerischen Schaffen die Fähigkeit, Ausdruck der Gegenwart zu sein, und damit auch die Möglichkeit einer wirklich schöpferischen Gestaltung. Wo im Blick auf ein künstlerisches Vorbild lediglich der höchste Grad der Verwandtschaft oder Ähnlichkeit Maßstab ist, da erscheint ihm die *Originalität der Aussage gestört* [180]. Sein Geniebegriff unterscheidet sich wesentlich von dem des Humanismus. Er dringt bereits zu jener Erkenntnis vor, die uns durch Herder geläufig wurde: *Der Geist hat auch seinen ihm eigenen Ausdruck, der aus der Rede wie aus einem Spiegel zurückstrahlt. Seinen ursprünglichen Ausdruck künstlich zu verändern, was ist das anderes als maskiert in die Öffentlichkeit zu gehen?* [181] Und: *Die einzelnen Menschen* (Ingenia) *haben eine Art persönlichen Genies, eine Tatsache von solcher Bedeutung, daß jemand, der von seiner Natur her zu dieser oder jener Ausdrucksart veranlagt ist, sich vergeblich in einer anderen Richtung Mühe macht.* [182]

Was er in diesem Dialog erörtert, könnte fast auf die Formel des «primum vivere, deinde philosophari» gebracht werden. Es ist durchaus Geist vom Geiste des Gesprächs *Epicureus*. Dort hatte er in einer Art Abbreviatur seiner «Philosophie» Christentum als Lebenskunst, als savoir-vivre interpretiert. Dem entspricht auch die pädagogische Grundabsicht des *Ciceronianus*: Humanistische Imitatio verbietet sich hier, wie er (in der Maske des Bulephorus dem Erzhumanisten Nosoponus) erläutert [183], weil die vorbehaltlose Orientierung an Cicero einen Menschen zum absoluten Vorbild erhebt, wie es ein Sterblicher niemals sein kann und darf. Außerdem: *Wenn du den ganzen Cicero ausdrücken willst, kannst du dich selbst nicht ausdrücken. Tust du das aber nicht, so wird deine Rede ein lügnerisches Abbild sein; sie wird nicht weniger widersinnig erscheinen, als wenn du dein Gesicht bemalen würdest, um statt Nosoponus Petronius ähnlich zu sehen.* [184]

Jedes künstlerische Bemühen und somit auch die lernende Beschäftigung mit literarischen Erzeugnissen darf deshalb nicht isoliert gesehen oder betrieben werden von ihrer Auswirkung auf das Leben: *Nützlichkeit macht sogar einen mäßigen stilistischen Glanz noch empfehlenswert. Was nur ästhetisches Vergnügen bereitet, kann nicht lange gefallen, zumal bei denen, die nicht nur studiert haben, um sich geschliffener auszudrücken, sondern auch, um richtiger zu leben.* [185]

Erasmus kann kein pädagogisches Prinzip gutheißen, das etwa seinen politischen Prinzipien widersprechen würde und umgekehrt. Der Absolutheitsanspruch eines Vor- oder Leitbildes würde einer Herrschaft von Menschen über Menschen gleichkommen und jede Entfaltung individueller Freiheit und Kraft und damit jeden Fortschritt verhindern. Humanismus, klassizistisch verstanden, ist demnach im Urteil des Erasmus pädagogisch ein inhumanes Prinzip.

Politisch aber würde die Orientierung an Rom beispielsweise für die Italiener selbst den Nationalismus legalisieren und andere Völker von der Entwicklung der Menschheit ausschließen. Wer unter nationaler Fahne um den Vorrang der Bildung streitet, leugnet den universalen Charakter der res publica literarum und damit das Wesen der Bildung.

Hier, nicht unter den Kritikern der puren imitatio, sind die Barbaren zu suchen. Für Erasmus ist dieser Humanismus genannte Klassizismus mehr als ein Irrweg von Sonderlingen. Mit ihrer blinden laudatio temporis acti leisten sie der nationalen Parzellierung der europäischen Res publica gefährlich Vorschub und befördern sogar die konfessionelle Parzellierung dadurch mittelbar.

Die Aufmerksamkeit und Energie des Menschen gebührt in allen Bereichen den *res praesentes*[186], der Gegenwart, und das gilt auch für den Schriftsteller: *Eine Darstellung verdient nicht ciceronisch genannt zu werden, das heißt also bestmöglich, die weder mit der Zeit noch mit den Menschen noch mit den Dingen in Einklang steht*[187]; denn *lehrreicher ist, wer eine Untersuchung über grundsätzliche Fragen mitten in die Verhältnisse der Gegenwart hineinstellt*[188]. *Res praesentes* aber, *circumstantia praesentis temporis* ist im Urteil des Verfassers dieser Streitschrift die christliche Gegenwart Europas: wer welche Gegenstände auch immer behandelt oder erörtert, kann nicht davon absehen, daß er als Mitlebender und Handlungspartner in einem positiv oder negativ vom Christentum geprägten Europa lebt und schreibt: *Wer als Humanist die christliche Gegenwart ignoriert, kann auch kein wirklicher Humanist sein, weil seine Worte vage werden, seine Einsicht in das Wesen der Dinge an Schärfe einbüßt und seine Ergriffenheit unecht wird.*[189]

Hier ist die Quelle des von Erasmus nun wiederholt so apostrophierten Paganismus: *Das Heidentum ist es ... das Heidentum hat uns diese Überzeugung in Ohr und Herzen eingeflößt. Dem Namen nach sind wir Christen ... wir scheuen uns noch vor dem offenen Bekenntnis zum Heidentum und umgeben uns deshalb mit dem Dunst des Ciceronianismus.*[190]

Der sprachliche Purismus der *Affen Ciceros*, ihre bornierte Mäkelei an seinem *beispiellosen* Sprachgebrauch hatte ihn schon lange geärgert. Jetzt konnte er um so schonungsloser die Fragwürdigkeit dieses Humanismus bloßlegen, weil er zweifach in eigener Sache sprach. Einmal hatte er Anlaß, auch mit der eigenen Vergangenheit abzurechnen. Auch sein eigenes Streben nach sprachlicher und wissenschaftlicher «Puritas» hatte ihn zeitweilig ein gutes Stück auf die Weide des Klassizismus getrieben. Mit um so größerer Berechtigung konnte er jetzt jene Anmaßung zurückweisen, die nur eine destillierte Ausdrucksweise nach ciceronischem Rezept für gültig und zulässig erklärte. Sein einstiger «puristischer» Kampf gegen die monströse Entartung des Sprachgefühls in der Scholastik verwandelte sich hier in ein schneidiges Gefecht gegen die lebensfeindliche Ausdorrung der Sprache bei den Klassizisten.

Er überführt diese «Humanisten» der massiven Inhumanität, weil sie so völlig vor dem Leben wie vor dem Genie versagen. Rückwärtsgewandte Sprache aber ist Kennzeichen rückwärtsgewandter Gesinnung, und damit fallen die seit einem Jahrzehnt immer zahlreicheren Verdächtigungen sowohl seiner wissenschaftlichen wie seiner christlichen Redlichkeit auf die Kritiker selbst zurück. Die ihn des Lutheranismus bezichtigen, weil er ein dynamisches Christentum, eine der Zeit gemäße Frömmigkeit fordert, erweisen sich selbst als krasse Totengräber des Christentums: sie wollen die Kirche «bewahren», aber ihr «Humanismus» beweist, daß sie in Wirklichkeit einen Leichnam konservieren wollen – als wirkliche *pagani*.

Erasmus löste mit diesem wohlberechneten Stich in ein Wespennest kaum weniger aus als Nietzsche reichlich dreihundert Jahre später mit seiner Streitschrift «Wir Philologen».

Nicht nur seine beflissenen Gegner in Italien, Spanien und Frankreich hatten auf ein solches Signal gewartet. Hier wurde es ja evident, daß eine solche Kritik ein Angriff auf Rom und Italien war und daß hinter diesem Angriff nordischer Lutheranismus stehen müßte. Daß er den Schüler Budés, den Christoph Longolius, unter dem Namen des Nosoponus, zu einem ciceronischen Ritter von der traurigen Gestalt gemacht hatte, verquickte die ganze Sache im Urteil des orthodoxen Südens mit der lutherischen Frage: *Mittlerweile belastete das lutherische Problem die Sache mit Longolius; denn das Auftreten Luthers hat bei den Römern bewirkt, daß man alles, was mit Deutschland zusammenhängt, um nicht zu sagen, alles, was die Gebiete diesseits der Alpen betrifft, beargwöhnt.*[191]

Selbst unter seinen Freunden gab es Verstimmungen, die aber nur bestätigten, wie radikal in der Sache Erasmus die Frage nach den humanistischen Konsequenzen gestellt hatte. Es wäre im Sinne sowohl humanistischer wie orthodoxer Selbstsicherheit allzu schön gewesen, hätte man ausgerechnet den sogenannten «Fürsten der Humanisten» auf Autorität in gelehrter Fleißarbeit beschränken können. Gleichzeitig mit dem *Ciceronianus* hatte Erasmus nämlich in einem Dialog *Über die richtige Aussprache der lateinischen und griechischen Sprache* (1528) die damals übliche Aussprache in wesentlichen Punkten (z. B. Lautwert Eta) korrigiert und in der bis heute gültigen Regelung festgelegt. Die Mitwelt hat ihm seine Ideologiekritik nur widerstrebend abgenommen, die Nachwelt hat sich für Jahrhunderte auf jenen philologisch-akribischen Ausschnitt seiner Gesamtleistung beschränkt. Kein Wunder also, daß man in der modernen Abrechnung über die «Tragödie des Humanismus» ihn völlig blind unter der falschen Partei rubrizierte![192]

Not und Freiheit des Erziehens

Erasmus konnte bei allem, was er auf den Buchmarkt brachte, auf das wachsende Reservoir seiner Briefe, Adagien und Colloquien zurückgreifen. Vor allem im Brief hatte er stetigen Anlaß, die Frage nach dem Wesen und den Aufgaben der Bildung zu stellen. Immer aber entzündeten oder vertieften sich diese Erörterungen an konkreten Gelegenheiten. Als der Kanzler Johann von Vlatten den gemeinsamen Freund Konrad Heresbach als Prinzenerzieher nach Düsseldorf holte, schrieb Erasmus (1529) ein Buch über Erziehung, die *Declamatio de pueris statim ac liberaliter instituendis* (*Über die Notwendigkeit einer frühzeitigen allgemeinen Erziehung der Kinder*), für den jungen Herzog.

Als Erzieher bzw. Pädagoge warb der «Fürst der Humanisten» für eine weniger humanistische als humane Erziehung. Seine eigenen wech-

Der Wohnturm des Erasmus in Queen's College, Cambridge

selvollen Erfahrungen und Beobachtungen haben solche Einsichten vorbereitet und gefördert (obwohl er von Erfahrungen allein nicht viel hielt). Schon im Kloster wurde er zeitweise mit einer Erziehungspraxis konfrontiert, die Askese trieb auf Kosten der Humanität, weltlicher Bildung mißtraute und elementare Forderungen der Gesundheit mißachtete. Es war also nicht verwunderlich, daß er, befremdet durch solche Praktiken, an den asketischen Dressurübungen des Collège Montaigu in Paris und am mechanistischen Wissenschaftsbetrieb der Scholastik noch stärkeren Anstoß nahm. Ebensowenig gefiel es ihm, daß dann auch die radikalen Anhänger der Reformation in bildungsfeindlichen Rigorismus verfielen. Schließlich bestätigte ihm die Analyse des Ciceronianismus, daß die Maximen einer menschenwürdigen, das heißt freiheitlichen Pädagogik ebensowenig aus den Prinzipien einer richtunggebundenen weltlichen Bildung abgeleitet werden könnten.

Die Einsicht in den Zusammenhang von Bildung, Fortschritt und Freiheit (die sich gerade in der Auseinandersetzung mit Luther geklärt und vertieft hatte), hinderte ihn, ein blinder Anwalt der Erfahrung zu werden.

Das ist um so auffälliger, weil er selbst schließlich über eine sehr vielseitige Praxis verfügte und diese Erfahrung immer wieder heranzieht bei seinen Erörterungen. Als Privatlehrer in Frankreich und Italien, als Lecturer in Cambridge wie als Institutsdirektor in Löwen, als «korrespondierender» Erziehungsberater für Freunde und Bekannte und nicht zuletzt als Förderer der zahlreichen Famuli in seinem Haus hatte er sehr viel Einblick gewonnen. Wenn der leidenschaftliche Publizist bei keiner regelrechten pädagogischen Tätigkeit, etwa als Hochschullehrer, aus-

hielt, spricht daraus keineswegs Geringschätzung pädagogischer Tätigkeit: *Als ich unter einigen Magistern von einem schlichten Lehrer sprach,
sagte einer, der nicht den schlechtesten Ruf genießt, lächelnd: «Wie
könnte das einer aushalten, in dieser Schule unter Kindern zu leben,
der überall, wo und wie er will, leben könnte?» Ich antwortete bescheiden, die Aufgabe schiene mir ganz besonders ehrenvoll, in den guten
Sitten und der Wissenschaft die Jugend zu unterrichten, auch Christus
habe dieses Alter nicht verachtet, kein Alter werde mit größerem Rechte gefördert, nirgends reichere Frucht erwartet, denn es sei die Saat und
das Aufbaumaterial für den Staat. Ich setzte hinzu, wirklich fromme
Menschen seien der Ansicht, sich durch keinen Beruf Gott mehr verpflichten zu können, als wenn sie Kinder zu Christus zögen. Naserümp-
fend sagte jener spöttisch: Wenn jemand ganz Christus dienen will, so
soll er ins Kloster und in einen Orden gehen. Ich antwortete, Paulus sä-
he die wahre Religion in Werken der Liebe, die Liebe aber bestehe darin, dem Nächsten soviel wie möglich zu nützen. Das wies er als ein
nicht sachkundiges Wort zurück. «Siehe, wir haben alles verlassen, darin besteht die Vollkommenheit» (Matth. 19,27). Wer, wo er vielen
durch seine Arbeit nützen könnte, eine Aufgabe ablehnt, weil sie ihm
als zu demütigend gilt, der hat nicht «alles verlassen», sagte ich. Damit
ließ ich den Menschen stehen, damit es keinen Streit gäbe. Da siehst du
skotistische Weisheit.*[193]

Erasmus sieht einen engen Zusammenhang zwischen Bildungshoch-
mut, skotistisch-wissenschaftlicher Hybris und einem gebundenen pädagogischen Anweisungshandeln, das so symptomatisch ist für die Re-
zeptologen der bloßen Erfahrung. Wenn auch der permanente Kontakt
mit der Erziehungswirklichkeit bei Erasmus einen gediegenen Pragmatismus erzeugt, fordert er für das erzieherische Handeln eine theoreti-
sche Grundlage. Zwar versagt er es sich, diese mit wissenschaftstheoreti-
schen Erörterungen nachzuweisen, aber er hält eine solche «Philosophie»
für unabdingbar: *Es täuschen sich diejenigen gewaltig, welche der Ansicht sind, es sei genug, wenn man auf der Welt sei; nicht minder sind
die im Irrtum, welche meinen, daß man durch bloße Beschäftigung mit
den Dingen und durch praktische Tätigkeit ohne philosophische Unterweisung sich die Weisheit aneignen könne ... die Lehren der Philosophie sind die Augen des Geistes und sie leuchten dir gewissermaßen
vor, damit du siehst, was zu tun und zu lassen ist. Großen Nutzen bringt
freilich eine fortgesetzte Übung in den verschiedenen Dingen, aber nur
dem Weisen, der sich mit den Lehren über die rechte Art der Ausführung wohl bekannt gemacht hat. Bedenke doch, wie diejenigen gerun-
gen, was sie ihr ganzes Leben lang ausgestanden haben, die durch die
bloße Lebenserfahrung es zu einer gewissen, freilich immerhin kläg-
lichen Einsicht gebracht haben, und überlege wohl, ob du deinem Sohn
ein so übles Los wünschest. Erwäge ferner, daß die Philosophie in einem
einzigen Jahre mehr lehrt als noch so vieles Experimentieren in dreißig
Jahren, und daß sie es mit Sicherheit lehrt, während durch Probieren
mehr Menschen unglücklich werden als klug ... Hingegen zeigt die
Theorie auf kurzem Wege, was man tun und lassen muß, und sie läßt
nicht erst, nachdem du Schaden erlitten die warnende Stimme hören.*[194]

Die Notwendigkeit der Erziehungstheorie aber ist nach Erasmus in der Natur des Menschen selbst begründet: *Menschen, das glaube ich, werden nicht geboren, sondern erzogen. Die Menschen der Urzeit ... glichen in Wirklichkeit mehr Tieren als Menschen.*[195] Erzieherische Einwirkung, der Lernprozeß erst bewirkt die Humanisation, und diese ist wiederum nur möglich, weil das menschliche Wesen mit Denkvermögen ausgestattet ist: *Wie aber der Hund zum Jagen, der Vogel zum Fliegen ... so wird der Mensch zum Wissen und zum Handeln nach Prinzipien geboren ... Insofern der Natur des Menschen das Denken entspricht,* ist der Mensch auf *die Sorgfalt des Erziehers* angewiesen, weil es sich ja nicht um fertige Anlagen, sondern nur um *triebfähige Keime* handelt.[196] Der Mensch ist für Erasmus expressis verbis das Mängelwesen (im Sinne Arnold Gehlens): *... und wer um Worte nicht verlegen ist, wird sagen, Bildung gehört zum Wesen des Menschen, da er mit ihrer Hilfe künstlich ergänzt, was ihm die Natur versagt hat.*[197]

Die Vernunft macht den Menschen.[198] Erasmus stellt bereits fest, daß das menschliche Wesen in unfertigem Zustand (als die «physiologische Frühgeburt» im Sinne Adolf Portmanns) geboren wird, aber durch eine umfassende Lernfähigkeit ausgezeichnet ist: *Somit ist der Mensch gleich nach der Geburt fähig, Zucht und Sitte zu erlernen; sobald er angefangen hat zu sprechen, dürfte er zu wissenschaftlicher Unterweisung geeignet sein. Was man ihm zuerst beibringt, dafür stellt sich auch alsbald Gelehrigkeit ein. Wenngleich aber die Wissenschaft unschätzbare Vorteile bietet, so bringt sie doch, wofern sie nicht in den Dienst des Verhaltens gestellt wird, mehr Schaden als Nutzen.*[199] Erasmus ist also ein entschiedener Gegner der anlagemäßigen Determiniertheit. Nach seiner Auffassung ist Begabung etwas, was dem Menschen durch eine planvolle Erziehung ermöglicht wird. Darin nimmt er Erkenntnisse des Böhmen Johann Amos Comenius und des Engländers John Locke vorweg. Es ist nicht auszuschließen, am allerwenigsten bei Comenius, daß diese Einsichten Nachwirkungen des Erasmus sind. Allerdings unterscheidet der Niederländer sich von dem spekulativ begabten Böhmen durch eine wesentlich pragmatische Haltung in Fragen der Erziehung, die ihn stärker mit dem Engländer verbindet.

Von solchen anthropologischen Erkenntnissen her gewinnt er notwendig auch den Zugang zum Prinzip der Kindgemäßheit der Erziehung: *Denn für die Erziehung ist in der frühesten Kindheit ein einziges Jahr mehr wert als zehn, wenn der Geist mit anderen Aufgaben besetzt und in seiner Bildsamkeit schon erstarrt ist.*[200] Eigene, in seinen Briefen und Gesprächen bezeugte Beobachtungen verbinden sich in solchen Einsichten mit Erkenntnissen des Römers Quintilian, auch in der Folgerung, die sich aus dieser Auffassung der Bildsamkeit ergibt: *Es gibt Leute, die verlangen, daß die Kinder sich gleich als gereifte Erwachsene zeigen ... sie haben vergessen, daß auch sie einmal Kinder waren ... Manche ziehen so unbändig gegen das unmündige Alter los, als ob sie vergessen hätten, daß sie und auch die Schüler Menschen sind.*[201] Wer aber Kinder erziehen will, hat auf die Natur des Kindes Rücksicht zu nehmen; denn *Angenehmes und Freundliches paßt für die Jugend. Indessen soll überhaupt von den Studien finsteres und rauhes Wesen fern bleiben. Das wollten, wenn ich nicht irre, auch die Alten andeuten... daß nämlich der Erfolg des Lernens in erster Linie von der wechselseitigen Zuneigung abhängt, weshalb denn die Alten auch von humanistischen Wissenschaften sprechen.*[202]

Die Kindgemäßheit ist also eine altersspezifische Form der Menschlichkeit, sie erst weist pädagogisches Verhalten als human aus, und die Lernmotivation, das wird von Erasmus klar gesehen, hat ihre Bedingung in jenem (wir würden sagen:) partnerschaftlichen Verhältnis zwischen Erzieher und Zögling. Auf diesem Hintergrund muß die «humanistische» Lernschule, muß der «humanistische» Verbalismus der Humanität und dem Wesen der Erziehung diametral entgegengesetzt sein. Wer sich derart bewußt vom humanistischen Selbstverständnis seiner Zeit absetzt, eignet sich erst recht nicht für die Ahnentafel des sogenannten Neuhumanismus.

Wesen und Aufgabe des Erziehers erhalten ihre spezifisch erasmische Auslegung unter solchen Voraussetzungen. Der Erzieher ist nach dem Modell des Vaters entworfen, wobei allerdings Vaterschaft sich ausschließlich an den Kategorien Erziehungsverantwortung und Erziehungstüchtigkeit ermitteln läßt: *Um in Wahrheit Vater zu sein, muß man allseitig für seinen Sohn sorgen, und dem Teile gebührt die erste und vornehmlichste Sorge, wodurch er sich vor den anderen Geschöpfen auszeichnet...*[203] Gilt dem Aufmerksamkeit des Erziehers der Ausbildung der Verstandesfähigkeiten, dann legitimiert er sich dafür wiederum nur durch die partnerschaftliche Haltung gegenüber dem Zögling:

Wesentlich ist, daß der, der die Ausbildung eines Kindes übernimmt, in der Teilnahme ihm gegenüber die Liebe eines Vaters zeigt.

Gern lernen wir von denen, die wir lieben. Es gibt allerdings Menschen, die ein so unfreundliches Wesen an sich haben, daß sie selbst von ihren Frauen nicht geliebt werden können: sie blicken finster drein und sind unwirrsch im Umgange; man hält sie für zornig auch dann, wenn sie zugänglich sind; sie können nichts höflich vorbringen, ja kaum ein Lächeln erwidern; man möchte geradezu sagen, schon von ihrer Wiege seien die Grazien geflohen. Solche Leute halte ich kaum für geeignet, daß man ihnen ungebändigte Pferde zur Dressur anvertraut, geschweige denn, daß ich meine, man solle ihnen zarte, beinahe noch im Säuglingsalter stehende Kinder preisgeben.[204]

Es gibt deshalb in der Erziehung auch keine Aufgabenteilung nach intellektueller und Verhaltensformung. Da Erasmus den Lernprozeß als Prozeß der Humanisation begreift, da diese Humanisation nur in der Form der Sozialisation möglich wird, sind Lernen und Verhalten eine Einheit. Bis in die nun ebenfalls untrennbare Einheit von Wort und Sache wirkt sich diese Ansicht von der Einheit der Erziehung aus: *Zunächst ist festzuhalten, daß alle Kenntnis zweifacher Art ist, nämlich Wort- und Sachkenntnis. Die Sachkenntnis ist die wichtigere. Aber manche vernachlässigen, indem sie mit ungewaschenen Füßen, wie es im Sprichwort heißt, an die Erlernung der Sache herantreten, die Aneignung der sprachlichen Kenntnisse, und indem sie in unverständigerweise einen Richtweg einzuschlagen vermeinen, geraten sie auf die größ-*

ten Abwege. Denn da die Sachen nur mittels der Wortbezeichnungen *erkannt werden können, so muß notwendigerweise wer keine Sprach-kenntnisse besitzt, auch in der Beurteilung der Sachen auf Schritt und Tritt im Finstern tappen, herumraten und fehlgreifen. So kann man denn auch sehen, daß gerade diejenigen am meisten über Worte streiten, die sich rühmen, sie bekümmerten sich nicht um die Worte, es sei ihnen vielmehr um die Sache selbst zu tun.*[205]

So soll aber auch der zu vermittelnde Stoff *geeignet* sein, erst *allmählich* zugeführt und *gleichsam spielend* dargeboten werden.[206] Von Stoffhuberei, die inhuman ist, will Erasmus nichts wissen, ebensowenig von Lerngegenständen, die lebensfremd und abstrus sind. Da *niemand nur für sich auf der Welt ist und niemand zum Müßiggange geboren wird*[207], setzen das Leben selbst, die menschliche Gemeinschaft und die Gesetze der Eingewöhnung in die menschliche Gemeinschaft die Maßstäbe.

Denn Humanität ist eine Qualität, die aber als «Menschheit» eine unaufgebbare soziale Dimension hat. Verwahrlosung und nicht Erziehung ist deshalb gegeben, wo dem Kinde die Möglichkeiten des Lernens vorenthalten werden (bei noch so großzügiger materieller Versorgung). Sie ist aber ebenso gegeben, wo die Erziehung gesellschaftliche Bindung und Verantwortung versäumt. *Eine Schule muß ... öffentlich sein, sonst ist sie keine Schule. Das führt unstreitig rascher zum Ziele, was in Gemeinschaft geschieht.*[208] Deshalb gibt es im Blick auf Erziehung und Bildung keine Privilegien: *Sind die Bürgerssöhne etwa weniger Menschen als die Königskinder?*[209]

In allen diesen Erwägungen aber stellt sich die Erziehung als vorrangiger öffentlicher Diskussionsgegenstand dar, als eine Aufgabe, an der jeder teilzunehmen hat. Nirgendwo vorher sonst ist die Pädagogik mit diesem Nachdruck als eine Aufgabe der Laien hervorgehoben worden. Diesen Standpunkt vertreten mit Vorliebe die diskutierenden Frauen in den *Gesprächen.* Indem Erasmus ihnen diese Rolle überträgt, macht er sich ausdrücklich zum Sprecher des Menschenrechts der Frau. Keiner unter seinen Zeitgenossen und jahrhundertelang auch nach ihm niemand war mit einem so empfindlichen Organ für den humanisierenden Einfluß der Frau auf die Gesellschaft begabt wie dieser Hagestolz (vgl. das Gespräch *Geistliches Gastmahl*!). Seine *Unterweisung in der christlichen Ehe* ist ein in seiner Sachlichkeit und Nüchternheit eindrucksvolles Plädoyer für die Gleichberechtigung der Frau. Während sein Freund Juan Luis Vives Frauenbildung bei aller Aufgeschlossenheit im Detail immer noch an Haus und Herd orientiert, während hundert Jahre später Comenius sich mit recht allgemeinen Forderungen begnügt, demaskiert Erasmus sehr gezielt die Hohlheit humanistischer und christlicher Phrasen am Beispiel gesellschaftlicher Unterdrückung (des Kindes und der Frau).

Im Gewande einer Tischzucht für Heranwachsende schrieb Erasmus (1526) *Über die Umgangserziehung der Kinder*[210]. Fast nur eine Flugschrift dem Umfange nach, hat das kleine Werk sehr schnell Verbreitung und zahlreiche frühe Übersetzungen gefunden. Eindrucksvoller als irgendwo sonst ist hier Erziehung als ein gesellschaftlicher Vorgang demonstriert. Die Schrift macht das Auseinanderklaffen von Forderungen an die Jugend und Haltung der Erwachsenenwelt anschaulich. Die vorgebliche Tischzucht für Kinder wird zu einer massiven, mit breughelscher Burleske versehenen Lektion über die Verantwortung der Erwachsenen für ein positives Erziehungsmilieu, gerade auch über die Tatsache, daß die gesamte ungeteilte Erwachsenenwelt diese Verantwortung trägt.

Erasmus wendet sich hier gegen die Theorie der sozusagen ausgesparten Bildungsbezirke, außerhalb deren die Gesellschaft verantwortungsfrei wäre. Was aber für den Erwachsenen schlechthin zutrifft, das, so meint Erasmus, müsse in einem ausgezeichneten Maße den Christ verpflichten; denn der könne sich noch viel weniger als jeder Nichtchrist von der Sorge um die Zukunft der Gesellschaft entbinden.

Pädagoge ist Erasmus nicht innerhalb eines isolierten Feldes in seinem Denken und Schaffen. Das Erziehungsdenken ist ein integrierender Bestandteil seines theologischen und politischen Denkens und wurde durch die gesellschaftlichen Zerwürfnisse im Gefolge des Nationalismus und Konfessionalismus noch verstärkt. Aus der Zuordnung zur Idee eines gesellschaftlichen Ausgleichs, einer übernationalen Friedensordnung und einer ökumenischen Kirche jenseits konfessioneller Besonderheiten gewann die Erziehung ein besonderes Gewicht. Seine Gedanken darüber hatten sich an der Situation entzündet und dementsprechend einen viel mehr kasuistischen als systematischen Charakter. Trotzdem gründen sie auf theoretischen Einsichten, zu denen er seine mannigfachen Erfahrungen und Beobachtungen vertieft hat.

Seine pädagogische Theorie ist im Sinne Schleiermachers jener höhere Bewußtheitsgrad der Praxis. Man könnte sie auf die Grundformel bringen, daß die Ausstattung des Menschen mit dem Denkvermögen ihm prinzipiell ein herrschaftsfreies Leben in einer res publica universalis ermöglicht. Er glaubt trotzdem nicht an das Himmelreich auf Erden. Sein wacher Sinn für Realitäten, seine unabhängige kritische Selbsterfahrung und Fremdbeobachtung haben ihm nur einen methodischen Optimismus erlaubt, das heißt er steckt das Ziel bewußt sehr weit, um wenigstens näher liegende Teilziele zu erreichen. Auch darin war er Pragmatiker; er nahm es allerdings mit nichts so unnachsichtig ernst wie mit der Forderung mitmenschlichen Einverständnisses.

Kontrolle des Wortes als Preis der Eintracht

Weil er sich nicht mit einer Partei identifizieren wollte, hatte Erasmus sein geliebtes Basel verlassen und war nach Freiburg gegangen. Je härter sich die Parteien gegeneinander absetzten, um so mehr suchte er die Gewissen gegen diesen Verrat an der Menschlichkeit u n d Christlichkeit zu schärfen. Diesem Vorsatz gilt alles, was er hinfort noch schrieb. Wo die Sprache der Verkündigung zu einer Sprache des Zwanges wurde, da, meint Erasmus (in seiner Auslegung des 38. Psalms)[211], widerspricht sie ihrem Auftrag. Während seine Gesprächsfreunde starben (Zwingli und Oekolampadius 1531) oder selbst Opfer des Zwanges wurden (Thomas Morus und John Fisher 1535), während in Münster die Wiedertäufer ihr «Reich» einrichteten und in Spanien mit der Verurteilung Vergaras die Verfolgung des Erasmismo begann, blieb er unentwegt tätig für Verständigung und Eintracht.

Es zeichnete sich klar ab, was er früh schon an Luthers seditio geargwöhnt hatte: die vielfache Trennung rief vielfachen Zwang hervor und verhärtete Rom gegen jede Reform. Als Rom ihm mit der Kardinalswürde winkte[212], blieb er ebenso unbeugsam wie gegen die Erwartungen reformatorischer Provenienz: *Jetzt geht man darauf aus, mir Pfründen zu geben, damit ich so die erforderlichen Einkünfte habe, um den Purpurhut zu bekommen ... die Katze soll in Gala gesteckt werden, wie man sagt.* Für ein solches Alibi im Interesse Roms war er sich zu schade. Nur weil er die Einheit der Christenheit wollte, *nahm* er *diese Kirche hin, bis* er *sie gebessert sehen werde*[213]. Für Erasmus wiegen die Interessen einer zutiefst europäisch erfahrenen und verstandenen Christenheit in jedem Fall schwerer als jeder Anspruch auf kirchliche Disziplin, auf dogmatische Richtigkeit und Glaubensinbrunst: *Mögen Zwingli und Butzer den Geist besitzen, Erasmus ist für sich selbst nichts als ein Mensch.*[214]

Er hatte allen Grund, gegen die Zumutungen von seiten der Reformierten nicht weniger als gegen die römischen an den Menschen zu appellieren; denn was er bei Ausbruch der reformatorischen Unruhen und bei allen sich mehrenden Anzeichen von Nationalismus befürchtet hatte, war inzwischen in vollem Gange: die Treibjagd auf den angeblichen Sündenbock Bildung. Die radikale Konfrontation hatte die kaum erneuerten Universitäten schwer getroffen: binnen zehn Jahren hatten die Einschreibungen in Köln, Wien, Wittenberg, Erfurt und nicht zuletzt in Basel gewaltig nachgelassen.[215]

Noch einmal wechselte Erasmus 1535 seinen Wohnsitz und ging aus dem katholischen Freiburg zurück in das reformierte Basel, auch damit dokumentierend, daß keiner ihn als Aushängeschild für eine Partei gebrauchen dürfe. Die Arbeit an seinem breitangelegten Alterswerk über den Prediger bestimmte ihn mit zu diesem Schritt; denn um es in den Druck zu bringen, bedurfte er der Zusammenarbeit mit seinem Verleger und Drucker Froben.

Bei aller ermüdenden Breite ist dieser *Ecclesiastes* ein bewegendes Zeugnis für seinen ungebrochenen Glauben an die Macht des Wortes. Während gleichzeitig neben ihm in Basel Johann Calvin seine «Institutio religionis christianae» niederschrieb, gab Erasmus im *Ecclesiastes* s e i n e m Puritanismus gültigen Ausdruck. Die Reinheit des Wortes und der Verkündigung – so argumentierte er – erweist sich in seiner Fähigkeit, Frieden und Eintracht zu stiften.

Seine Schrift über die *Einheit der Kirche* von 1533 erregte bei Luther nicht weniger Mißfallen als in Rom und bestätigte gerade darin seine konsequente Haltung. Von allen Reformatoren hat ihn allein Melanchthon wirklich verstanden. Einer der letzten Briefe, die er überhaupt geschrieben hat, ist an Melanchthon gerichtet: *Luther bewirft mich stän-*

*dig mit Schmähworten, weil ich die Welt nicht mit großen Aufwand in eine andere Richtung zwinge.*²¹⁶

Seine letzte Schrift *De puritate ecclesiae* widmet Erasmus dem schlichten Zöllner Christoph Eschenfelder. In der Person des namenlosen Adressaten macht er deutlich, daß erst die Änderung des einzelnen jene große Veränderung bewirken kann, aus der Kirche als *Übereinstimmung des ganzen Christenvolkes* hervorgehen wird.

Der Tod hat den Lebenskünstler Erasmus oft beschäftigt. Seine labile Gesundheit gab ihm allein schon genügend Veranlassung zu solchen Meditationen. Nüchtern und sorgsam hat der unermüdlich schaffende und kränkliche Mann seinen Weggang vorbereitet. Seine Freunde hatten dafür einzustehen, daß das beträchtliche Barvermögen für Altersschwäche und Kranke, für die Heiratsausstattung bedürftiger Mädchen und als Studienstiftung angelegt werde. Seine Bücher übernahm der polnische Freund Jan Łaski und seine sonstige bewegliche Habe Bonifacius Amerbach. Dieser, Froben und Beatus Rhenanus waren auch am Sterbebett des Erasmus in der Nacht vom 11. zum 12. Juli 1536. In einer reformierten Stadt, die ihm keinerlei Glaubenszwang auferlegte, blieb er auch im Sterben bewußt nichts als ein Christ. Als die letzten Worte des erklärten Europäers lateinischer Zunge überlieferten seine Freunde das gut niederländische *Lieve God.*

Seine Stadt Basel gab dem Erasmus, der ihre Konfession nicht teilte, ein letztes Geleit mit allen nur denkbaren Auszeichnungen. Über seinem Grab im Münster setzte man ihm einen Gedenkstein mit seinem Lieblingssymbol Terminus. Die Kirche aber, die ihn eben noch so gern unter die Zahl ihrer Kardinäle aufgenommen hätte, setzte sein gesamtes Werk 1559 auf den Index. Wie schon im Streit um die *Colloquia* war die Gefährdung der Jugend ein willkommener Vorwand. Der konfessionelle Rigorismus Calvins und die lutherische Orthodoxie standen Rom an Mißtrauen gegen den Rotterdamer nicht nach.

Die Tragik des Erasmus ist nicht das angebliche Unvermögen, sich zu «entscheiden», ebensowenig die Abneigung gegen eine eigene, erasmische Partei. Das eine wie das andere hätte seine Position eingeebnet und seine Forderungen unglaubhaft gemacht. Seine unausweichliche Tragik, die Tragik des Zeitkritikers, lag darin, daß er als Anwalt der Bildung gegen die Unbildung polemisieren, aber zugleich die Selbstüberhebung der Bildung verurteilen mußte. Tragisch ist seine Situation auch, weil er die Freiheit des Christen nicht weniger gegen die Unduldsamkeit der Reformatoren als gegen den Gewissenszwang der römischen Kirche, die Einheit der *Kirche Christi* aber gegen die Anarchie ihrer rechtmäßigen Kritiker, der innerlich gläubigen «Ketzer», verteidigen mußte. Seine Tragik war es schließlich, daß er *seditio*, Absonderung und Parteigeist, bekämpfte, selbst aber zeitlebens ein «homo pro se», «ausschließlich Erasmus» (wie Luther es ausdrückte) blieb, daß er *consensus* forderte, aber Konformitätsdruck jeder Art ablehnen mußte.

Weil die Aufklärung (in Deutschland) ein Zwischenspiel ohne Folgen blieb, blieb auch ihre kurzlebige Erinnerung an Erasmus von Rotterdam ohne Folgen. Wie schon vorher in den Zeiten konfessioneller Konfrontation, wurde auch für das 19. (und 20?) Jahrhundert Erasmus zur dunklen Folie sowohl für das «Morgenrot der Reformation» wie für ein gegenreformatorisch gepanzertes Rom. Beide Seiten hatten, die letztere früh schon, die erstere nach und nach, dafür gesorgt, daß dem religiösen und politischen Zeitkritiker sein Publikum entzogen wurde. Was übrigblieb, der Editor, der Philologe, begünstigte die von beiden Seiten gewünschte Vergessenheit.

Die schwachen und rätselhaften Umrisse einer wirklichkeitsfernen Gestalt fanden sich vielfach bestätigt durch die Arbeiten der malenden und zeichnenden Freunde und Zeitgenossen des Rotterdamers. Die Holbein, Massys und Dürer hatten ihn immer wieder konterfeit, aber so ganz ausschließlich im Bilde des distanzierten Gelehrten, eines Hieronymus im Gehäus, kostbar und sphinxhaft im Aussehen, aber doch entrückt, statuarisch fast, als einen *Jäger in alten Bibliotheken* [217], wie er sich scherzhaft einmal genannt hat. Was seine Porträtisten als Ausdruck der Arbeit, der Konzentration in ihre Bilder hineinlegten, hat die Nachwelt als Kontaktscheu, als Entscheidungsschwäche und Temperamentlosigkeit gedeutet. Eine so oberflächliche Auslegung paßte eben allzu gut in das Klischee, das durch Konfessionalität und nationales Pathos vorgezeichnet war.

Was Holbeins Bilder mit den kostbaren Ringen und den pelzverbrämten Gewändern nur anzudeuten vermögen, enthüllen die Briefe: daß nämlich dieser vermeintliche, in Folianten vergrabene Asket der Gelehrsamkeit ein entschiedener Liebhaber behaglichen und stilvollen Wohnens und ausgesuchter Kleidung war, daß er Wert legte auf gepflegte Eß- und Trinksitten und sogar Schmuck gern hatte. Seine Briefe, Gespräche (*Geistliches Gastmahl* z. B.) und besonders seine Schrift *Über die Umgangserziehung der Kinder* verhehlen solche Liebhabereien keineswegs.

Er führte ein großes Haus, wenn man so will, mit zahlreichen Famuli, die als seine wissenschaftlichen Mitarbeiter und Sekretäre zugleich die hohe Schule der Wissenschaft, der Manuskriptaufbereitung und der Editionstechnik absolvierten. Er nutzte ihre Arbeitskraft gründlich, ließ sie aber an allem teilhaben und sparte nicht mit Anerkennung. Im übrigen war die zeitweilige Mitarbeit im Hause des Erasmus bei Froben reichlich gut für ein Universitätsdiplom. Sie waren «Amanuenses» [218], aber nicht weniger Teilhaber aller seiner Geschäfte.

Diese «Hofhaltung» des Erasmus war aber nicht die eines poeta laureatus im italienischen Stil, auch die Lebensweise nicht die eines deutschen poeta laureatus wie etwa Konrad Celtis und Heinrich Bebel oder auch der gelehrte Joachim von Watt (die Vaganten waren und Gastrollen gaben). Er war ebensowenig Geheimrat im Weimarer Stil. Sein Haus war eine Art Gelehrtenschule, ein Seminarium, besser noch ein Arbeitsteam mit stark pädagogischem Akzent. Er war mißtrauisch

In nomine Sanctæ Trinitatis

Desiderius Erasmus Roterodamus, Fretus Diplomati-
bus Cæsaris, summi pontificis ac Magnifici
inclytæ civitatis Basilensis, hoc meo Chirographo
renovo supremam voluntatem meam, quam quovis titulo
firmam ac ratam haberi volo irritatis ...qe si quid alias
testatus sum.

primo cum me nullum habere legitimum hæredem,
psa...ple... vir... D. Bonifacium Amerbachium, omni
facultate mea hæredem ins...tuo, executores vero
Hieronymum Frobenium et Nicolaum Episcopum
Bibliothecam meam iampridem vendidi D. Joanni a Lasco
polono iuxta syn...pham super hoc maectam
inter nos ...n...tam. Non trad...tur libri, nisi hæredi numeret ducentos Florenos. Quod si... partim
remiserit aut me prius e vita excesserint, liberum
esto hæredi de libris ...rere quod velit.

D. Ludovico Bero, lego horologium aureum. Beato
Renano Cochleare aur... in futurum aureum.
M. petro Vittorio centum ququaginta coronatos
aureos, Totidem philippo Montano. Labeato
Famulo semihi moriente asfuerit, ducentos florenos aureos, nisi ego vivus ei hanc summam
numerarem. D. Joanni Brisgoo lagenam argenteam
D. paulo Volzio flores aureos r...un. Regis
Gelenio ducatos centum et ququaginta. Joanni
Erasmio Frobenio duos anulos quorum alter non habet
gemmam, alter gemmam subviridem gallis dictam
Turcois. Hieronymo Frobenio lego omnes vestes meas
omnemque supellectilem lauream, lineam et ligneam
pretea pocula quæ habet... Cardinalis Mo-
guntini. Uxori eius anulum qui habet imaginem
mulieris in tergum respicientis. Nicolao Episcopio

Das Testament des Erasmus vom 12. Februar 1536. Basel, Universitätsbibliothek

und launisch gegenüber seinen Hausgenossen und Famuli, aber er war nicht weniger fürsorglich und auf Förderung bedacht. Er hatte eine Abneigung gegen abhängige Positionen, suchte aber auch seine Freunde und Famuli vor solchen abhängigen Positionen zu bewahren.

Inmitten eines gut organisierten Arbeitsapparats mit einer liebevoll ausgebauten und umsorgten Bibliothek, in geschmackvoll möblierten Zimmern [219] war Erasmus eher ein Lebenskünstler und so gar kein gelehrter Sonderling. Er war ein liebenswürdiger Gastgeber und wußte Einladungen zu schätzen: *Ich bin darauf aus, Gäste zu empfangen, die mich vor verdrießlicher Laune über das Alleinsein bewahren. Mit Deiner ganzen Familie bist Du mein gern gesehener Gast*, schreibt er an Bonifacius Amerbach.[220]

Er war ein leidenschaftlicher Reisender; so gern er gelegentlich mit seiner Unbehaustheit kokettierte, fuhr er doch mit dem Schiff immer wieder über den Kanal, rheinauf und rheinab und war ein unermüdlicher Reiter, dem sogar Ritte über die Alpen kaum etwas ausmachten.

Die Anstrengungen eines derart beweglichen Lebens verlangte er einem anfälligen und zarten *corpusculum* ab: *Von Kind an war ich von anfälliger Konstitution, von äußerst feingliedrigem Körperbau, wie die Ärzte sagen, so daß ich klimatische Beschwerden um so empfindlicher spürte.*[221]

Seine hypochondrische, auf peinliche Sauberkeit bedachte Natur mußte sich zeitlebens immer wieder mit Unzuträglichkeiten des Klimas und dergleichen herumquälen. Sie nehmen deshalb in seinen Briefen einen bisweilen ermüdend breiten Raum ein.[222] Allerdings haben seine Freunde daran weniger Anstoß genommen als wir, die wir ja unter unvergleichlich günstigeren Bedingungen geistige Arbeit leisten dürfen, das heißt nicht bei solch extremer hygienischer Ungesichertheit und mangelnder Gesundheitsfürsorge. Viele seiner Freunde starben in relativ jungen Jahren, die meisten in wesentlich jüngerem Alter als er. *Wollte ich meine Jahre zählen, müßte ich sagen: ich habe lange gelebt; wenn ich abziehe, wieviel Zeit ich mit Fieberanfällen, mit Steinleiden und mit Gicht verbracht habe, währte mein Leben nicht lange.*[223] Sein hochentwickelter Sinn für Reinlichkeit und Körperpflege, für einwandfreies Essen und Getränke, dazu die keineswegs immer unbegründete Angst vor Nachstellungen – er war zeitweise auch ein wohlhabender Reisender! – erklären doch wohl zum Teil die oft an Quengelei grenzende Hypochondrie. Mit dieser verbindet sich auch eine gute Portion Mißtrauen und Ängstlichkeit vor materieller und geistiger Übervorteilung, vor allem die Sorge vor geistigem Diebstahl, die keineswegs unbegründet, aber gelegentlich auch übertrieben kleinlich ist.

In Geld- und Vermögenssachen konnte der Gelehrte nicht nur heikel, sondern sogar knauserig erscheinen. Er hatte lange genug bei wechselnden Einkünften um seine Unabhängigkeit kämpfen müssen und dabei das Wirtschaften gelernt. In dem Briefwechsel mit seinem Antwerpener Bankier stellt er sich durchaus als der selbständig planende publizistische Unternehmer vor. Über seinen treuen Freund Peter Gilles klärt er den Bankier folgendermaßen auf: *Bitte, verwende eine halbe Stunde darauf, dem Peter Gilles bei der Aufstellung der Rechnung*

etwas zu helfen. *Nicht daß ich mißtrauisch gegen ihn wäre* (was er durchaus auch sein konnte) − *er ist der treueste Mensch* − *aber von diesen Dingen versteht er nichts. Er ist zu Höherem geboren.*[224] Das ist unverkennbare Ironie gegenüber den weltfremden «Geistesfürsten», und genauso ironisch seine anschließende Bemerkung über die chronische Finanzmisere des kaiserlichen Hofes: *Der Kaiser zahlt nichts, ich werde nur mit dem Weihwasser des Hofes besprengt.*

Die Autoren der «Dunkelmännerbriefe» hatten schon recht, wenn sie den Erasmus einen «homo pro se», einen «Menschen eigener Art», nannten. Nur darf man ihm den Hochmut, die Verachtung und die Ironie nicht allzusehr verargen: er bewies Verschlossenheit und Kälte fast nur gegen die arrogante Hierarchie weltlicher und geistlicher Provenienz, gegen dummdreiste Anbiederung, gegen jede Art von terribles simplificateurs. Einfachheit und Schlichtheit dagegen wußte er zu schätzen und achtete er zum Beispiel in der Person vieler ihm zeitlebens verbundener sonst namenloser Laien und Mönche. Während Allerweltsliteraten leicht den Eindruck gewannen, daß *niemand hineinsehen durfte in das beredte Herz des Erasmus*[225], blieb er einfachen Leuten gegenüber zugänglich und teilnehmend.

Je mehr er gegen Ende seines Lebens seine Ausgleichsbemühungen scheitern, die Radikalität triumphieren und die Brutalität anwachsen sieht, um so häufiger wechseln bei ihm entwaffnendes Wohlwollen mit mürrischer Abschließung, zuversichtlicher Glaube an den Fortschritt mit Bitterkeit und Enttäuschung, es wechselt der raffinierte Diplomat mit dem eindringlichen Prediger. Auch das ist Erasmus, der Liebhaber des juste milieu, verurteilt zur Rolle eines Proteus, weil er auf beiden Seiten nur den Terror wahrnimmt: *Ich bin bis zum Äußersten gegangen, gleichsam bis an den Rand des Meeres; werde ich mir untreu, wenn ich nicht in die Fluten steigen will?*[226] Unbeständigkeit hat ihm nicht

131

*Bildnis des toten Erasmus. Zeichnung eines anonymen Meisters, 1536.
Haarlem, Teylers Museum*

erst eine gewaltsam vereinfachende Nachwelt vorgeworfen, die kein
juste milieu zwischen Luther und Ignatius wahrhaben wollte. Luther
nannte ihn einen Vertumnus, aber Erasmus begegnete solchen Verdächtigungen mit dem Hinweis: *Beständig sein heißt nicht immer
dasselbe sprechen, sondern immer am gleichen Ziele festhalten.*[227] Als
man ihm vorwerfen wollte, er sei kein Kämpfer, erwiderte er: *Ein har-
ter Vorwurf, wenn ich ein Schweizer Söldner wäre!*[228]

Einsichtiger und verständnisvoller hatte ihn sein Freund Zasius cha-
rakterisiert, der sich so schlecht mit der Zurückhaltung des Erasmus
abfinden konnte.[229] «Die Kälte des Erasmus ärgert mich», hatte er un-
mutig meditiert, «er bringt sich in Gefahr und setzt die Kraft seines
Glaubens, seine Beweglichkeit, seinen Geist und die ihm von Gott ver-
liehenen Gaben nicht gegen die Ketzer ein ... Wenn doch Erasmus den
Mut des Zasius, und Zasius den Geist des Erasmus hätte!»[230] Doch

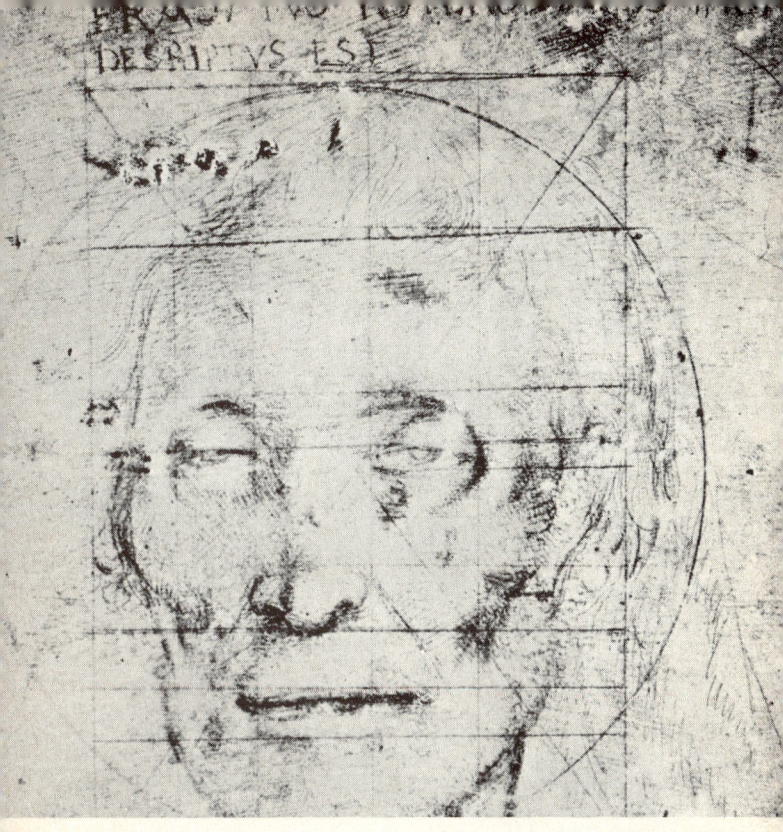

Bildnis des toten Erasmus. Zeichnung eines anonymen Meisters, 1536.
Basel, Öffentliche Kunstsammlung

«dieser Mann», mußte er dann eingestehen, «ist für den Frieden geschaffen, nicht für den Krieg». Schärfer hätte er das Wesen des Erasmus gar nicht treffen können.

Als Alexander Stewart, der natürliche Sohn des Königs von Schott-
land und spätere Erzbischof von St. Andrews, aus Rom zurückgerufen
wurde, hatte er seinem Mentor Erasmus eine alte römische Gemme mit
dem Bild des Gottes Terminus, dem Gott der Grenzen, geschenkt. Erasmus
übernahm sie als seine Devise *Concedo nulli (Ich stehe hinter keinem
zurück)*. Dem Vorwurf, das sei arrogant, begegnete er abweisend mit
der Bemerkung, es seien nicht seine, sondern die Worte des Gottes Terminus, der unüberwindlichen Grenze des sterblichen Lebens.[231]

Er war sich der Ambivalenz seiner Aufgabe ebenso bewußt wie der
zwiespältigen Wirkung auf eine breite Öffentlichkeit: *Ich will eine Her-
messtatue sein, die als Wegweiser den Wanderer oft dahin führt, wohin*

Das Erasmus-Haus in Anderlecht (Holland). Hier verbrachte Erasmus den Sommer des Jahres 1521

sie selbst nicht kommen wird; ich will, poetisch gesprochen, ein Wetz-stein sein, der ein Eisen scharf machen kann, aber selbst nicht schnei-det.[232] Allen Zumutungen gegenüber bleibt er dabei: *Wenn einer den Erasmus in seiner unzulänglichen Christlichkeit nicht lieben kann, mag er sich von diesem oder jenem Gefühl gegen ihn leiten lassen; ich kann nicht anders sein, als ich bin.*[233] Nur in diesem Zusammenhang ge-winnt auch jenes *Ich werde nie aufhören, mir gleich zu bleiben*[234] seinen Sinn, Erasmus ist nicht der Mann der Bekehrungen, der Um-brüche oder Damaskusstunden.

Man muß die Spottlust dieses Erasmus auf zwei Ebenen wahrneh-men: sie gehört zu seinem Wesen, ist seine ihm gemäßere Waffe im Zeitalter des beginnenden Grobianismus. Zugleich ist sie eine Mimi-kry, sie erlaubt ihm, eine Rolle zu spielen, die allzu Aufdringliche ab-weist oder gefährliche Wahrheiten tarnt.

Doch er blieb in seiner Spottlust souverän genug, um sich selbst ein-zubeziehen. In der manchmal ausgelassenen Selbstironie gewinnt die-ser Charakter in sich wieder Gleichgewicht, wird jene bisweilen schok-kierende, hochmütige Kälte menschlich ausgeglichen. So sehr sie auch dazu dient, Tatsachen elegant verpackt vorzutragen, die man anständi-gerweise selbst nicht ausspricht, so sehr entschärft und humanisiert sie auch wieder alle Polemik. Die Basler Universitätsbibliothek bewahrt eine Reihe von Handzeichnungen auf, in denen Erasmus sich selbst mit köstlichem Freimut karikiert, weitaus schärfer als sein Freund Holbein in der Kathederskizze zum *Lob der Torheit*. Dieses *Lob der Torheit* apo-strophiert voll Ironie «seinen» Erasmus und «seine» Holländer. Auch in den *Adagia* (bes. *Die Silene des Alkibiades*) verpaßt er sich gezielte

Streiche. Ein Kabinettstück hintergründiger Selbstironie findet sich in dem Dialog *Ciceronianus*:

Bulephorus: Von Seeland gelangt man schnell nach Holland, das nicht unfruchtbar ist an guten Talenten, allerdings erweist man dort der Eloquenz keine Ehre und die Vergnügungen lassen die Anlage nicht von ungefähr heranreifen. Aus dieser Gegend werde ich dir den Erasmus von Rotterdam vorstellen, wenn du magst.
Nosoponus: Du hast angekündigt, du würdest von Schriftstellern sprechen. Diesen zähle ich nun wirklich nicht unter die Schriftsteller, es kann überhaupt keine Rede davon sein, daß ich ihn zu den Ciceronianern zähle.
Bulephorus: Was muß ich hören? Aber man kann ihn doch wohl unter die Vielschreiber rechnen.
Nosoponus: Sofern Vielschreiber ist, wer viel Papier mit Tinte besudelt. Es ist eine andere Sache zu schreiben, das also, worüber wir jetzt sprechen, und eine andere Sache ist das Genus der Schriftsteller. Sonst nennt man doch diejenigen, die ihren Lebensunterhalt mit dem Abschreiben von Büchern verdienen, Schriftsteller, während gebildete Leute diese lieber als Kopisten bezeichnen. Wir verstehen doch unter Schreiben, was beim Acker das Fruchtbringen ist, als Lesen, was beim Acker die Düngung, eben das ist bei uns die geistige Verarbeitung und die Verbesserung, was beim Ackerbau das Eggen, Hacken, Beschneiden und Unkrautjäten ist und die anderen Arbeiten, ohne die weder die Saat aufgeht noch die aufgegangene gedeiht.
Bulephorus: Was ist nun jener?

Das Arbeitszimmer des Erasmus in Anderlecht

Nosoponus: Er schleudert alles heraus und überstürzt es, er bringt nicht
hervor, sondern hat Fehlgeburten. Bisweilen schreibt er einen ausge-
wachsenen Band auf einem Fuß stehend und kann seinen Geist nie
an die Kandare nehmen und wenigstens einmal nachlesen, was er geschrieben hat. Er bringt es auch nicht fertig, so zu arbeiten, daß er
zunächst lange liest und sich dann in seltenen Augenblicken erlaubt,
zur Feder zu greifen. Ach, was? Er bemüht sich nicht einmal ciceronisch zu schreiben, vermeidet keine theologischen und gelegentlich
sogar nicht einmal vulgäre Ausdrücke.[235]

Auch diese Ironie und Selbstironie sind Züge seines Charakters, an
denen sich auf eine ungewöhnliche Art die Kontinuität seines Wesens
bestätigt. Sie erklären, warum sich im Urteil der Nachwelt das facetten-
reiche Bild dieses Publizisten allzu leicht verdunkelt, warum die Vorliebe für klare Einordnungen und plausible Erklärungen vor einem Charakter und einem Wirken versagen mußte, in dem sich hochdifferenzier-
te Kunst des Unterscheidens mit dem Bekenntnis zu evangelischer Armut im Geiste mischten: Eruditio und Pusillanimitas. Noch ein Jahr
vor seinem Tod entwarf er ein ironisches Bild seiner selbst und seiner
Leistung, in dem sich auf eine höchst komplexe Weise schlichte Selbst-
erkenntnis mit mokantem Selbstbewußtsein mischen:

Ich halte es mit den Megarern und manche mir gar nichts daraus,
wenn man meine Veröffentlichungen für nichts achtet. Ich tue mir so

Erasmus-Plakette von Quinten Massys (Rückseite). Erzguß

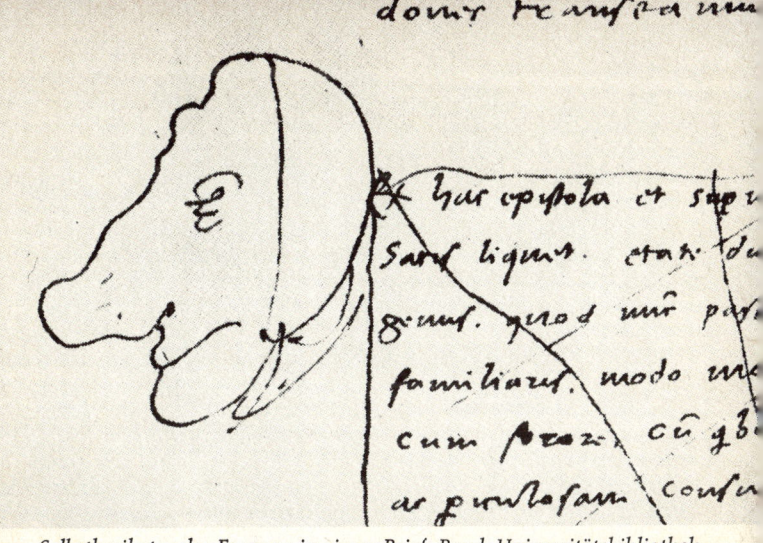

Selbstkarikatur des Erasmus in einem Brief. Basel, Universitätsbibliothek

wenig darauf zugute, daß ich mich bisweilen wundere, wenn überhaupt jemand Gefallen daran hat. Warum soll ich meine Unreife nicht eingestehen, wo ich doch alles voreilig herausbringe und nicht soviel Sitzfleisch habe, daß ich denselben Brief zweimal entwerfe? Würde ich das tun, würde ich sicher wenn nicht besser, doch etwas weniger schlecht schreiben, wie ich vermute.

Hier mag jemand einwenden: Wenn dir deine Veröffentlichungen so wenig gefallen, warum produzierst du denn so viele Wälzer? Ich will es kurz erklären. Als ich ein junger Mann war, regierte in unserem Deutschland noch ungestraft krasse Barbarei, und es galt als Häresie, etwas Griechisch zu verstehen. Deshalb habe ich, soweit meine Kräfte reichten, versucht, die junge Generation vom Status schäbiger Unwissenheit auf einen höheren Grad wahrhaft wissenschaftlicher Bildung zu bringen. Das habe ich nicht für Italiener, sondern für Holländer, Brabanter und Flamen getan. Im ganzen hatte mein Versuch keine schlechten Ergebnisse.

Ich schrieb das Enchiridion des christlichen Soldaten aber, damit die schönen Wissenschaften der Frömmigkeit dienstbar würden; die Adagia habe ich erweitert, weil mich die Kärglichkeit der ersten Ausgabe ärgerte; aus Lukian habe ich einige Gespräche übersetzt, aus dem Euripides zwei Tragödien, nur um mich selbst in der griechischen Sprache zu üben, weil ich keinen Lehrer hatte. Auf diesem wissenschaftlichen Sektor bin ich also weithin Autodidakt gewesen. Außerdem habe ich fast nichts geschrieben, ohne daß ich durch die Bitten meiner Freunde dazu veranlaßt worden wäre; denn ich hätte lieber meinen Geist bei der Lektüre anderer geweidet. Ich bin ganz sicher nicht so unduldsam, daß ich versucht sein könnte, etwa einen durchschnittlichen Franzosen oder Deutschen, geschweige denn alle Franzosen oder Deutschen im Ver-

gleich mit mir als leeres Stroh zu betrachten.[236]

Vielleicht war es sein niederländisches Erbe, das ihn bei solcher Geisteshaltung doch vor dem bewahrte, was man ihm fälschlich oft vorgeworfen hat: vor dem Zynismus. Seine Freude an einem kultivierten und genußreichen Leben war zu stark, als daß Hochmut und Menschenverachtung ihn dem Leben entfremdet hätten: *Mögen andere die Bahn der Gestirne verfolgen, wenn es ihnen beliebt: i c h meine, man sollte auf der Erde nach dem Ausschau halten, was uns glücklich oder unglücklich macht.* Daß aber die äußeren Lebensverhältnisse ihren gemessenen Anteil am Glück des Menschen haben, konnte und mochte Erasmus nicht leugnen. Das entsprach seiner Wesensart und war im Laufe eines zeitweise auch entbehrungsreichen Lebens zu philosophischer Einsicht gereift:

Du reflektierst so: «Wenn liebliches Wohlbefinden und angenehme Lebensverhältnisse Güter sind, so müssen sie, je reichlicher man beides hat, desto glücklicher machen». Da muß deine Erlauchtheit zunächst bedenken, daß diese Art Güter, mag man sie noch so sehr häufen, nicht die Glückseligkeit bringen, vielmehr nur durch ihr Hinzukommen die Glückseligkeit, die allein die Tugend gewährt, zur Vollendung führen, sicherlich, soweit es sich um die Praxis der Tugend handelt . . . Christus wollen wir, bitte, in diese Erörterung nicht hineinziehen. Wenn er wollte, daß die Apostel arm sein sollten, so lehrt er damit nicht, Reichtum sei böse, er wollte vielmehr nicht, daß die Herrlichkeit des Evangeliums Gütern dieser Welt zugeschrieben werde. Ich leugne auch nicht, daß man häufig diese Dinge verwerfen muß, wenn es die Frömmigkeit erfordert.

Nun beantworte mir deinerseits eine Frage; wenn diese Dinge keine Güter sind, wo nehmen wir den Mut her, sogar im öffentlichen Gebet den darum zu bitten, der nur Gutes schenken will und kann? Durchaus nicht möchte ich die unglücklich nennen, die Tugend besitzen, im Gegenteil, sehr glücklich nenne ich sie, aber vollkommner glücklich sind die, welche dazu jene Dinge besitzen, mögen sie ihnen geschenkt oder von ihnen auf löbliche Weise erworben worden sein, es sei denn, daß die Zeitumstände etwas anderes fordern.[237]

Solche aus seinem Charakter und seinen Erfahrungen gewachsene Philosophie, nämlich Christentum als wirkliche Lebenskunst, enthält sein Gespräch *Epicureus*, das eine Abbreviatur seiner Philosophia Christi wie eine Spiegelung seines eigenen Wesens ist. So wie er im *Handbüchlein des christlichen Soldaten* die eigene *Pusillanimitas* (Kleinmütigkeit) apostrophiert und sie in der evangelischen Sanftmut überhöht hat, so geschieht es nun mit dem Epikureismus.

S e i n Problem und, wie er überzeugt ist, die Essenz des Christentums ist nicht die Weltüberwindung, sondern die Verwandlung dieser Schöpfung in eine Quelle stetiger Freude:

Welches Schauspiel könnte eindrucksvoller sein als die Betrachtung dieser Welt? Daran haben die Lieblinge Gottes mehr Vergnügen als die anderen. Während die letzteren neugierig das wundersame Gebilde anstaunen, ängstigen sie sich im stillen über die Unergründlichkeit so vieler Erscheinungen. Bei manchen mäkelt auch eine angeborene Kritik-

*sucht an dem Schöpfer, und häufig genug heißen sie die Natur statt
Mutter Stiefmutter, ein Vorwurf, der die Natur dem Worte nach zwar
trifft, der aber in Wirklichkeit auf den Schöpfer der Natur zurückgreift,
wenn es überhaupt eine Natur gibt.*

    *Der fromme Mensch betrachtet die Werke des Herrn, der ja sein Va-
ter ist, mit ehrfürchtigem und empfänglichem Blick und empfindet dabei ein herzhaftes Vergnügen. Jede Einzelheit faßt er ins Auge, hat
nichts auszusetzen und dankt für alles, das er ohne Einschränkung als
zum Wohle der Menschen eingerichtet erkennt. Überall verehrt er mit
Inbrunst die Allmacht, Weisheit und Güte des Schöpfers, deren Spuren
er in der Schöpfung wahrnimmt.*

    *Stelle dir vor, es gäbe wirklich einen Palast, wie ihn Apulejus für die
Psyche erdichtet hat, wenn möglich einen noch prächtigeren und ge-
schmackvolleren. Führe zwei Besucher dorthin, einen Fremden, der nur*

zur Besichtigung kommt, und einen anderen, einen Knecht oder Sohn
des Baumeisters. Wer wird wohl stärker ergriffen sein? Der Gastfreund,
der kein inneres Verhältnis zu dem Hause hat, oder der Sohn, der in
dem Bauwerk mit großem Vergnügen das Genie, die Kunstfertigkeit
und Großzügigkeit seines vielgeliebten Vaters feststellt, vor allem, wenn
er erwägt, daß das ganze Werk ihm zuliebe geschaffen ist . . .[238]

Das paßt so gar nicht zu Luthers erregter Polemik gegen des Erasmus
angebliche Naturfeindschaft. Im Gegenteil – so wie hier Zustimmung
zu Natur und Welt und Selbstgefühl ineinandergreifen, ist das neue
Weltgefühl der Renaissance formuliert, allerdings, und das ist bedeut-
sam: die Zustimmung zur Welt und das Selbstwertbewußtsein sind –
analog zu der späteren Interpretation des Johann Amos Comenius – ori-
ginär christlich verstanden. Die Welt wird zur Theodizee, wobei der
Mensch zustimmend u n d verwandelnd auch das Böse, das Leid, den
Schmerz und das Unglück miteinbezieht.

Die kühne Hypothese des Erasmus im *Epicureus* ist, daß nur der
Fromme wahrhaft angenehm lebt. Voraussetzung aber ist die Annahme
dieser Welt in Geist und Wirklichkeit der Caritas, weil sie befähigt, das
Unglück sehend und helfend in diese Annahme mit einzubeziehen:

Wenn der ein Epikuräer ist, der ein angenehmes Leben führt, ist kei-
ner ein wahrerer Epikuräer als die Freunde eines besonnenen und from-
men Lebenswandels. Wenn es aber um den Namen geht, so würde kei-
nem der Name Epikur mit größerem Recht zukommen als dem anbe-
tungswürdigen Ahnherrn der christlichen Philosophie. Im Griechischen
bedeutet nämlich «Epikurus» Helfer. Als das Gesetz der Natur noch
nicht durch Sünden entstellt war, als das Gesetz Mosis die Begierden
mehr aufreizte als zähmte . . . brachte er allein dem tödlich verwunde-
ten menschlichen Geschlecht wirksame Hilfe.

Die täuschen sich sehr, die da behaupten, Christus sei ein von Natur
trübsinniger Melancholiker gewesen, der uns zu einem freudlosen Leben
aufgefordert hätte. Er allein hat uns die zweifellos angenehmste Le-
bensweise gezeigt, die die größte Fülle wahren Vergnügens bietet.[239]
Wenn der Verfasser von der Notwendigkeit eines «unbeschwerten Sin-
nes» für ein genußvolles Leben spricht, meint er tatsächlich den Genuß
auch in seiner irdisch-welthaften Fülle. «Unbeschwertheit» aber ver-
leihen weder rigoroser Asketismus noch Ignoranz gegen das Böse in der
Welt. Als Erasmus an den *Colloquia* zu schreiben begann, hatte er das
Bild vom Erwachen des Epimenides gegen den Schlaf der skotistischen
Theologie gestellt. Jetzt meint er das Erwachen sowohl von der welt-
fremden Finsternis jener scholastischen Theologie wie auch von der
Weltverachtung reformatorischer Rigoristen und der verhängnisvollen
Selbsttäuschung eines «Renaissancemenschentums», das den Genuß auf
Gewalt zu gründen versucht.

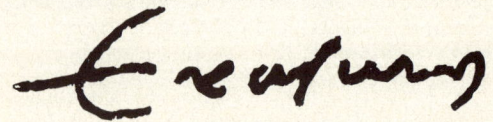

Anmerkungen

Für die Werke des Erasmus von Rotterdam werden die folgenden Abkürzungen verwendet:

EA G   = Erasmus: Auswahl. Übers. von Anton Gail. Düsseldorf 1948

EA H   = Erasmus: Ausgewählte Werke. Hg. von Hajo und Annemarie Holborn. München 1933 (*Enchiridion, Paraclesis, Ratio sive methodus*)

EC Schö = Erasmus: Ciceronianus sive de optimo genere dicendi Dialogus. Ed. Carolus Schönberger. Augsburg 1919

EE   = Erasmi Epistolae. Ed. P. S. und A. Allen. 12 Bde. Oxford 1906–1958

EE W   = Erasmus: Enchiridion oder handbüchlin. Übers. von Werner Welzig. Graz–Köln 1961

EF G   = Erasmus: Fürstenerziehung. Hg. von Anton J. Gail. Paderborn 1968 [Lat. Text mit Varianten der Erstausgabe, Übersetzung, ausführl. Anmerkungen und Einführung.]

EK A   = Erasmus: Die Klage des Friedens. Übers. von Arthur von Arx. Basel 1945

EL G   = Erasmus: Das Lob der Torheit. Übers. von Anton J. Gail. Stuttgart 1964

EP G   = Erasmus: Ausgewählte pädagogische Schriften. Hg. von Anton J. Gail. Paderborn 1963

LB   = Lugduni Batavorum (= Desiderii Erasmi Roterodami Opera omnia et auctiora). Ed. J. Clericus. 11 Bde. Amstelodami 1703–1706 – Nachdruck: London–Hildesheim 1962

1 Johan Huizinga: «Burgund». Tübingen o. J. S. 50

2 Jacob Burckhardt: «Die Kultur der Renaissance in Italien». 14. Aufl. Leipzig 1925. S. 339 Anm. 1, S. 527.

3 R. R. Post: «Quelques précisions sur l'année de la naissance d'Érasme». In: Bibliothèque d'Humanisme et Renaissance XXIV (1964), S. 489–509

4 EE I, 46–52

5 Albert Hyma: «The Youth of Erasmus». Ann Arbor 1930. S. 327

6 Rudolf Pfeiffer: «Humanitas Erasmiana». Leipzig 1931. S. 15

7 Roland H. Bainton: «Erasmus of Christendom». New York 1969. S. 32

8 EE I, 152

9 EE I, 326

10 EE I, 167

11 Bainton, a. a. O.

12 Vgl. das Erasmus-Porträt Holbeins in der National Gallery, London

13 Adagium *Herculei labores* (Übers. d. Verf.)

14 EE II, 364

15 Vgl. bes. Adagium *Sileni Alkibiadis* (Übers. d. Verf.)

16 EE II, 254

17 Adagium *Scarabaeus aquilam* (Übers. d. Verf.)

18 Adagium *Herculei labores*

19 EE II, 254

20 EE II, 362 f

21 Margaret Phillips-Mann: «The ‹Adages› of Erasmus». Cambridge 1964. S. 38; Jean-Claude Margolin: «Érasme par lui-même». Paris 1965. S. 28

22 EE II, 364
23 Phillips-Mann, a. a. O., S. 7
24 EE VII, 79–80
25 EE I, 273–274
26 R. W. Chambers: «Thomas More». London 1935. S. 369
27 LB X, 1676 F–1677, 1758 F. Vgl.
auch den Holzschnitt Holbeins,
der den Erasmus mit dem Terminus zeigt
28 Paul Mestwerdt: «Die Anfänge
des Erasmus». Leipzig 1917. S.
275 Anm. 3
29 Werner Kraus: «Erasmus und die
spanische Renaissance». In:
KRAUS, Gesammelte Aufsätze für
Literatur- und Sprachwissenschaft.
Frankfurt a. M. 1949. S. 110–111
30 EE I, 352
31 Hyma, a. a. O., S. 204
32 EE VII, 79
33 EE I, 373
34 EE I, 410
35 EE W, S. 125
36 EE III, 362
37 EE W, S. 66
38 EE W, S. 83, 82
39 Bainton, a. a. O., S. 65
40 EE I, 431
41 EE II, 70
42 EC Schö, S. 33
43 EE W, S. 67
44 Johan Huizinga: «Parerga». Basel
1945. S. 124
45 EE I, 564, 572 f
46 EE II, 291 f
47 EE II, 527
48 EE VII, 94; EE XI, 176–177
49 EE II, 73; EE IV, EE V, 404
50 EC Schö, S. 69
51 EE XI, 176–177
52 EE II, 289
53 Bainton, a. a. O., S. 147
54 EE I, 418
55 EE II, 70
56 EE I, 501
57 EE I, 353
58 EE XI, 192; EE I, 274
59 EL G, S. 26–27

60 Sören Kierkegaard: «Der Begriff
der Ironie». München 1929. S.
275
61 EE X, 358
62 Martin Luther: «Kritische Gesamtausgabe» II. Abt. «Tischreden» Bd. 3 Weimar 1883–1948. S.
147, 34
63 EE II, 93
64 EE IX, 131
65 EE II, 364
66 EE II, 92
67 EE X, 309
68 So Geldner und teilweise Koerber; vgl. dazu EF G Einl., bes. S.
31 f
69 EF G, S. 89, 107
70 EF G, S. 19
71 EF G, S. 97–99
72 EF G, S. 109
73 EF G, S. 45
74 EF G, S. 183–185
75 EF G, S. 183–185
76 EL G, S. 27–28
77 EE I, 547
78 EE I, 552
79 EE I, 554
80 EK A, S. 59
81 EK A, S. 68
82 EE IX, 259
83 EA G, S. 348–349, 350
84 EK A, S. 71–72
85 EE V, 129, 217
86 EE VII, 192
87 Dietmar Fricke: «Die französischen Fassungen der Institutio
principis christiani des Erasmus
von Rotterdam». Genf–Paris 1967
88 EE III, 267
89 LB VIII, 546–551
90 EE III, 209, 335
91 Elsbeth Gutmann: «Die Colloquia
Familiaria des Erasmus von Rotterdam». Basel–Stuttgart 1968. S.
11–12
92 EE IV, 356
93 EE VII, 466
94 EE VIII, 467
95 EE II, 17, 18, 23

96 Paul Kalkoff: «Die Anfänge der Gegenreformation in den Niederlanden». In: «Schriften des Vereins für Reformationsgeschichte» 79 (1903), S. 35
97 EE X, 311
98 EE IV, 11
99 EE V, 405–406
100 EE III, 589
101 EE IV, 322
102 EE V, 310
103 «Teutscher Merkur» 1776, S. 262–272
104 EE IV, 380–381
105 EE IV, 287
106 EE III, 605
107 EE III, 517
108 EE III, 516
109 EE III, 408
110 EE III, 530
111 EE V, 609
112 EE V, 398, 403
113 EE IV, 400 f
114 EE III, 529–530
115 EE IV, 445
116 EE V, 126
117 EE III, 540
118 EE III, 591
119 EE III, 605
120 EE IV, 445
121 EE III, 606
122 EE IV, 287
123 Erasmus von Rotterdam: Briefe. Ausgew. und übers. von Walther Köhler. Leipzig 1936. S. 273
124 EE V, 451
125 EE IV, 340
126 EE IV, 127
127 EE IV, 347
128 EE III, 530
129 EE VIII, 467
130 EE V, 530
131 EE V, 551
132 EE IV, 395
133 EE V, 330
134 EE IV, 559
135 EE V, 609
136 EE V, 608 f
137 EE IV, 536
138 EE V, 329
139 EE V, 227
140 EE V, 329
141 EE IV, 559
142 EE V, 126
143 EE V, 447
144 Martin Luther: «Kritische Gesamtausgabe» I. Abt. «Schriften» Bd. 18. Weimar 1883–1948. S. 600, 4
145 EA G, S. 351
146 De Libero Arbitrio. Hg. von Johannes von Walter. Leipzig 1910. S. 3
147 E. Bodemann: «Der Briefwechsel des Gottfried Wilhelm Leibniz». Hannover 1889
148 Martin Luther: «Werke in Auswahl». Hg. von Albert Leitzmann, Otto Clemen u. a. Berlin 1950–1955. Bd. 3, S. 292, 11
149 Karl August Meissinger: «Erasmus». Berlin 1948. S. 72 f
150 EE VI, 419
151 Zit. bei Pfeiffer, a. a. O., S. 20
152 EE III, 590
153 Luther, «Tischreden», a. a. O., Bd. 1, S. 574
154 «Martin Luthers Briefe». Hg. von W. M. L. de Wette. Berlin 1825–1828. Bd. IV, S. 507
155 EE VI, 271
156 EE VI, 307
157 EE VI, 307
158 EE VII, 117; Luther, «Tischreden», a. a. O., Bd. 6, 6887
159 LB X, 1258 A (Hyperaspiste I)
160 «Udalrici Zasii epistolae». Hg. von J. A. Riegger. Ulm 1774. S. 32; vgl. EE V, 1 A. 9
161 Walther Köhler: «Dr. Martin Luther». Lörrach 1924. S. 425
162 EE X, 335
163 EE VII, 116
164 Gutmann, a. a. O., S. 83
165 EC Schö, S. 72
166 EE I, 173
167 EA G. S. 331
168 Marcel Bataillon: «Érasme en Es-

pagne». Paris 1936. S. 309

169 Ebd., S. 334
170 EE VII, 192
171 EE IX, 226
172 Bataillon, a. a. O., S. 457
173 Ebd., S. 532
174 EE VII, 460
175 EE XI, 179
176 Bainton, a. a. O., S. 215; LB X, 1589
177 EE V, 570, 548
178 EE V, 570
179 EC Schö, S. 26
180 EC Schö, S. 43
181 EC Schö, S. 76–77
182 EC Schö, S. 43
183 EC Schö, S. 25–28, 80
184 EC Schö, S. 44; vgl. ebd. S. 45 Z. 19–S. 47 Z. 29
185 EC Schö, S. 72
186 EC Schö, S. 45
187 EC Schö, S. 71
188 EC Schö, S. 70
189 EC Schö, S. 82
190 EC Schö, S. 41
191 EC Schö, S. 69
192 Heinrich Weinstock: «Die Tragödie des Humanismus». Heidelberg 1953
193 EE I, 479
194 EP G, S. 122–123
195 EP G, S. 115
196 EP G, S. 121–122, 127
197 EL G, S. 40
198 EP G, S. 115
199 EP G, S. 130
200 EE IX, 403
201 EP G, S. 148
202 EP G, S. 150
203 EP G, S. 110
204 EP G, S. 147, 136
205 EP G, S. 30
206 EP G, S. 148
207 EP G, S. 117

208 EP G, S. 137
209 EP G, S. 146
210 EP G, S. 89–106
211 LB V, 367
212 EE XI, 217
213 LB X, 1258 A
214 LB X, 1594 A
215 Bainton, a. a. O., S. 264
216 EE XI, 332
217 EE VIII, 219
218 EE VI, 433
219 EE XI, 219–220
220 EE IX, 366
221 EE XI, 220
222 EE VI, 46
223 EE XI, 215
224 EE VI, 241
225 EE III, 624
226 EE V, 609
227 LB X, 1653 A
228 EE VI, 176
229 «Udalrici Zasii epistolae», a. a O., S. 32; vgl. EE V, 1 A. 9
230 EE VI, 337, Einführung zu Nr. 1708
231 Emil Major: «Das Wahrzeichen des Erasmus». In: «Historisches Museum Basel. Jahresberichte und Rechnungen 1935», S. 37–43
232 Anfang des *Methodus seu ratio verae theologiae*. In: «Erasmus von Rotterdam. Ausgewählte Schriften». Hg. von Werner Welzig. Darmstadt 1967. Bd. III, S. 120–121 (die «poetische» Wendung = Horaz, «Ars poetica» 304–305)
233 EE V, 227
234 EE V, 227
235 EC Schö, S. 63–64
236 EE XI, 183
237 EE III, 570–571
238 EA G, S. 537–538
239 EA G, S. 539–540

Zeittafel

1469 (?)	27./28. Oktober: Erasmus in Rotterdam geboren als (illegitimer) Sohn eines Priesters
1478–1483	Schule der Brüder vom Gemeinsamen Leben in Deventer. Zusammentreffen mit Rudolf Agricola
1487	Eintritt in das Augustiner-Kloster Steyn bei Gouda
1493	Sekretär des Bischofs von Cambrai. Arbeit an den *Antibarbari* (erste Fassung)
1495–1499	Studium in Paris (Collège Montaigu), unterbrochen von zahlreichen Reisen in die Niederlande. Poetische und sprachdidaktische Arbeiten
1499–1500	Erster Aufenthalt in England. Bekanntschaft mit dem späteren König Heinrich VIII., mit Thomas Morus und John Colet
1500	Erste Ausgabe der *Adagia* (*Adagiorum collectanea*) in Paris
1501–1503	In den Niederlanden, seit 1502 vorwiegend in Löwen. Studium des Griechischen. Entdeckung der «Annotationen» des Lorenzo Valla (Ausgabe in Paris 1505)
1503	*Enchiridion militis christiani*
1505–1506	Erneuter Aufenthalt in England. Zusammenarbeit mit den Gräzisten Linacre, Grocyn, Latimer und Tunstall
1506–1509	Italienische Reise. Promotion zum Dr. theol. in Turin. Arbeit beim Drucker Aldus Manutius in Venedig
1509–1514	In England, hauptsächlich in Cambridge. *Lob der Torheit.* Griechische und theologische Lehrtätigkeit. Entstehung des Pamphlets *Julius exclusus e coelis* gegen Papst Julius II. und Entschluß, das Neue Testament zu edieren
1514	Reise nach Basel. Verbindung mit dem Druckhaus Froben und mit dem oberrheinischen Humanistenkreis
1516	Ernennung zum Kaiserlichen Rat und Herausgabe der *Institutio pricipis christiani* sowie des *Novum Instrumentum*
1517	Erlangung einer päpstlichen Dispens, die ihn praktisch vom Klosterleben entbindet. Zahlreiche vergebliche Bemühungen aus England, Frankreich, Spanien und verschiedenen Städten Deutschlands wie aus Italien, ihn zu einer endgültigen Übersiedlung zu bewegen. *Querela pacis.* Der Auftrag zum Aufbau eines Dreisprachenkollegs in Löwen findet bei den Theologen Widerstand. Luthers Auftreten, die Kontroverse Reuchlins mit Pfefferkorn und der Kölner Dunkelmännerskandal machen Erasmus den Orthodoxen als Sympathisanten verdächtig
1519	Beginn der Korrespondenz Luthers mit Erasmus. Löwen wird für Erasmus unerträglich, weil man ihn zu antilutherischen Stellungnahmen zwingen will. Er verurteilt das Vorgehen gegen Luther
1520	Erasmus versucht in Aachen (Krönung Karls V.) und Köln (vorbereitender Reichstag) beim Kaiser, bei Kurfürst Friedrich III. dem Weisen von Sachsen und bei seinem persönlichen Gegner, dem Nuntius Aleander, im Sinn einer friedlichen Beilegung der Auseinandersetzung um Luther zu vermitteln
1521–1529	Erasmus in Basel. Zusammenarbeit mit dem Druckhaus Froben sowie mit einem immer zahlreicheren oberrheinisch-süddeutschen

	Freundeskreis. Seine Beziehungen mit führenden Intellektuellen, Theologen und Politikern in den meisten Ländern Europas vervielfältigen sich. Herausgabe fast aller Kirchenväter
1523	Hans Holbein arbeitet an drei seiner berühmten Erasmus-Porträts. Kontroverse mit Ulrich von Hutten
	29. August (?): Tod Huttens
1524	Erasmus veröffentlicht *De Libero Arbitrio* und *Familiarium Colloquiorum Opus*
1526	Luther entgegnet mit seiner Schrift «De Servo Arbitrio»; Fortsetzung der Kontroverse mit des Erasmus *Hyperaspistes*. *Institutio christiani matrimonii*. Erasmus-Porträt Albrecht Dürers
1528	*Ciceronianus*. Tod Albrecht Dürers und Jakob Wimpfeldings
1529	*Declamatio de pueris statim ac liberaliter instituendis*. Übersiedlung des Erasmus von Basel nach Freiburg im Breisgau wegen reformatorischer Unduldsamkeiten in Basel
1530	Hohes Ansehen in ganz Europa. Nimmt trotz zahlreicher Aufforderungen persönlich nicht am Reichstag zu Augsburg teil, berät aber viele Teilnehmer
1531	Tod Huldrych Zwinglis und Johannes Oekolampadius'. Weitere Erasmus-Porträts von der Hand Holbeins
1533–1534	Auslegung des 83. Psalms *De Amabili ecclesiae concordia. De praeparatione ad mortem. Ecclesiastes sive de arte praedicandi*
1535	Rückkehr des Erasmus nach Basel zum Abschluß und zur Drucklegung des *Ecclesiastes*. Tod John Fishers von Rochester, des Thomas Morus und des Ulricus Zasius. Erasmus lehnt das ihm angebotene Kardinalat ab, um unabhängig zu bleiben. Calvin in Basel, arbeitet dort an seiner «Institutio religionis christianae». Wiedertäuferherrschaft in Münster.
1536	Erasmus widmet seine letzte Arbeit, eine Paraphrase des 14. Psalms unter dem Titel *De puritate ecclesiae*, dem «Zöllner» Christoph Eschenfelder in Boppard.
	11./12. Juli: Tod des Erasmus, Grab im Münster zu Basel

Zeugnisse

ZEITGENÖSSISCHE STIMME

... sein Name in ein Sprüchwort verwandt ist; solcher Maßen, was kunstreich
fürsichtig gelehrt und weis geschrieben ist, spricht man, das ist erasmisch, d. h.
unfehlbar und vollkommen.

HEINRICH GLAREAN

Was Erasmus geschrieben hat, ist in den Händen aller. Er ist schon hochbetagt
und möchte seine Ruhe haben, aber jede Partei möchte ihn auf ihre Seite ziehen.
Er will sich aber auf keinen Fall in die Parteibildungen einmischen. Wer könnte
ihn auch tatsächlich verlocken? Er sieht klar, wen er zu meiden hat, aber nicht in
gleichem Maße, an wen er sich halten soll. Alles, was er geschrieben hat, atmet
christlichen Geist, und es ist wahrscheinlicher, daß Luther durch die Arbeiten des
Erasmus unterstützt wurde als etwa Erasmus durch dessen Arbeiten. In seiner
zurückhaltenden Art ist er furchtsam. Man hört von ihm nie etwas, das unchrist-
lich wäre. Als Mensch hat er durchaus feste Meinungen

An Huldrych Zwingli, 1523

MARTIN LUTHER

Es ist schwierig, diesen wortgewandten Proteus Erasmus zu fassen, der sich ganz
auf die Geschmeidigkeit seiner Eloquenz verlässt und geschickt wie eine Hornisse
jedem Schlag auszuweichen weiss ... Als ein wahrer König sitzt er auf seinem
Thron der Doppeldeutigkeit und macht uns einfältigen Christen das Leben
schwer. Er macht sich geradezu ein Vergnügen daraus, dass wir an seinen Worten
Anstoß nehmen und uns in unserer Schwerfälligkeit von ihm genarrt fühlen ...
Er lehrt uns über nichts ernsthaft und gründlich nachzudenken und zu sprechen,
sondern bringt nur das Publikum zum Lachen, wie es jene Adepten der humanistischen Bildung machen, die nur dummes Zeug reden können. Mit solcher
Leichtfertigkeit und Spielerei treibt er allmählich den religiösen Sinn aus, der
schließlich verschwindet und völliger Weltlichkeit weichen muss.

1534

PHILIPP MELANCHTHON

Dich habe ich niemals angreifen wollen, gebe vielmehr sehr viel auf dein Urteil
und schätze dein Wohlwollen. Du siehst ja auch, daß ich mich selbst in der Beurteilung der Glaubenslehren in manchen Fragen von dir umstimmen lasse ... Ich
könnte viele zuverlässige Zeugen für meine Anhänglichkeit an dich beibringen.
Ich verehre dich nämlich nicht nur wegen der Kraft deines Geistes, wegen deiner
hervorragenden wissenschaftlichen Qualitäten und deines Könnens, sondern
schließe mich auch bei der Beurteilung der anderen Streitfragen gern deiner Meinung an. Ich bitte dich also, Unmut und Argwohn gegen mich abzulegen und
überzeugt zu sein, daß ich dein Ansehen und deine Freundschaft über alles
schätze.

An Erasmus, 1536

BEATUS RHENANUS

Er hätte bei der kaiserlichen Majestät groß und immer größer werden können. Er hätte bei allen beliebigen Königen ein Leben im Glanz verbringen können; welcher noch so hochgestellte Fürst hat sich nämlich nicht um ihn bemüht? Er hätte in Muße seinen Liebhabereien leben können; aber er zog den Nutzen wissenschaftlicher Arbeit im Interesse der Allgemeinheit allen Ehrungen und groben Genüssen dieses Lebens vor.

An Kaiser Karl V., 1540

JOHANNES ALBERTUS FABRICIUS

Erasmus ist das Salz und die Sonne seines Zeitalters und der Wiedergeburt der Wissenschaft.

«Bibliotheca latina mediae et infimae aetatis», 1734

CHRISTOPH MARTIN WIELAND

Was soll ich von denen sagen, welche... den Erasmus gleichwohl tiefer, als billig ist, herabsetzen, weil sie den Kontrast, den sein Charakter und Betragen mit demjenigen eines Ulrich von Hutten, eines Luther, eines Zwingli macht, lebhafter als andere fühlen und darüber zu vergessen scheinen, daß Geister von so verschiedener Art gar nicht gegenübergestellt werden sollten...

Ist es aber denn so ausgemacht, daß ein rechtschaffener Mann in einem solchen turbulenten Zustande der christlichen Republik notwendig Partei nehmen müsse? Ist es nicht genug, wenn er immer auf die Seite sich neigt, wo er die meiste Billigkeit, Mäßigung und Lauterkeit sieht? Ist es nicht Weisheit, sich in einer freien Wirksamkeit zu erhalten, solange man hoffen kann – und wer kann gleich sagen, wie lange dies zu hoffen ist? – daß Ruhe und Ordnung unter gemeinnützlichen Bedingungen, noch ohne Bürgerkrieg und Auflösung aller Bande des gemeinen Wesens wiederhergestellt werden könnten? Und ist es nicht aufs wenigste erlaubte Klugheit und Selbsterhaltung, zumal bei einem bloßen Reisenden, der keinen verpflichtenden Beruf weder zum Steuerruder noch zur Pumpe hat, sich zurückzuziehen, wenn es so weit gekommen ist, daß wir zwar wohl mit zugrunde gehen können, aber das Schiff zu erhalten keine Hoffnung mehr haben?

In: «Teutscher Merkur», 1776

RUDOLF HAYM

In Erasmus verkörperte sich die ganze Schwachmütigkeit, die ganze Eitelkeit, der feine geistige Epikureismus und die feige Charakterlosigkeit, die bis auf den heutigen Tag dem selbstgenügsamen Gelehrten- und Literatentum anhaftet... der Kern seiner Friedensliebe war Eigenliebe, und die Kehrseite jener Talente, durch die er die Zeitgenossen entzückt hatte, war eine niedrige Gesinnung... die erasmische Eleganz war unmoralisch... in Hutten aber überwindet das Menschliche das Humanistische... der tiefere Gehalt des neuen Lebens überwindet den Kultus der Form.

In: «Preußische Jahrbücher», 1860

STEFAN ZWEIG

In der Tat: Erasmus ist nicht wie ein Winkelried gestanden mit offener Brust gegen die Welt, dies furchtlos Heroische war nicht seine Art. Er hat sich vorsichtig zur Seite gebogen und verbindlich geschwankt wie ein Rohr nach rechts und links, aber nur, um sich nicht brechen zu lassen und immer wieder sich aufzurichten. Er hat sein Bekenntnis zur Unabhängigkeit, sein «nulli concedo», nicht stolz vor sich hergetragen wie eine Monstranz, sondern wie eine Diebslaterne unter dem Mantel versteckt; in Schlupfwinkeln und auf Schleichwegen hat er sich zeitweilig geduckt und gedeckt während der wildesten Zusammenstöße des Massenwahnes; aber – dies das Wichtigste – er hat sein geistiges Kleinod, seinen Menschheitsglauben, unversehrt heimgebracht aus dem furchtbaren Haßorkan seiner Zeit, und an diesem kleinen glimmenden Docht konnten Spinoza, Lessing und Voltaire und können alle künftigen Europäer ihre Leucht entzünden. Als der einzige seiner geistigen Generation ist Erasmus der ganzen Menschheit treuer geblieben als einem einzelnen Clan.

«Triumph und Tragik des Erasmus von Rotterdam». 1935

JOHAN HUIZINGA

Es wäre für die Welt von heute ein großer Gewinn, wenn etwas von dieser erasmischen Einfalt und Klarheit des sittlichen und vernünftigen Urteils wieder über sie käme … Wir alle aber brauchen Erasmus als Symbol. Daß er das werden konnte, daß seine historische Figur diese sinnbildliche Gewalt erlangen konnte, daß sie immer noch mahnend und warnend der Welt vor Augen steht, darin liegt schließlich der beste Beweis seiner unvergänglichen Größe. Zu den Geistern, deren wir nicht entbehren können, gehört auch er.

«Erasmus-Gedenkrede». 1936

ERNST JÜNGER

Erasmus … das ist ein Geist, den man in Zeiten der Sicherheit leicht unterschätzt.

In der Begegnung mit Luther tritt der Unterschied hervor, der zwischen Geistern waltet, die innerhalb der Ordnung leben, und den außerordentlichen … Der Unterschied ist auch der von zwei Geistern, deren einer im Letzten kritisch und deren anderer im Letzten unbedenklich ist …

Die guten Lehren, die Erasmus an Luther richtet, sind derart, daß der Täter sie verachten muß. Wenn man jedoch in den Papieren lebt, hat man auch Fuchsgeist nötig, um in solchen Läuften zu bestehen. Das tritt auch in der Zeichnung von Dürer gut hervor, doch treffender in der Medaille von Metsys, auf der man sieht, wie dieser Fuchsgeist sich mit Stärke paart, denn unverkennbar sind die Züge hoher Geistesmacht.

«Gärten und Straßen». 1942

Ich habe mich lange schon zu Erasmus hingezogen gefühlt aus einer Reihe von Gründen. Ich teile seine Abneigung gegen Streitsucht, seinen Abscheu gegen den Krieg, seinen hintergründigen Skeptizismus gegenüber allem, was nicht nachweisbar ist. Zugleich bin ich angetan von der Glut seiner Frömmigkeit. Mich überzeugt auch die klare Art, in der er dem Klassischen neben dem Jüdisch-Christlichen Platz im Erbe der westlichen Welt zuweist. Ich habe mein Behagen an seiner launigen und satirischen Art. Ich teile seine Überzeugung, daß Sprache immer noch das beste Medium für die Übermittlung des Gedankens ist, Sprache nicht nur gelesen, sondern gehört mit Kadenz und Rhythmus sowohl als auch mit Klarheit und Genauigkeit . . .

Er ist bedeutend für den Dialog zwischen Katholiken und Protestanten, der nach seiner Vorstellung nie unterbrochen sein sollte. Er ist bedeutend für die Strategie der Reform, ob gewaltsam oder gewaltlos. Er war entschlossen, Gewalt in Wort und Tat zu vermeiden, aber er war nicht sicher, daß eine entscheidende Reform sine tumultu verwirklicht würde. Er wollte sie weder veranlassen noch ihr Vorschub leisten. Je unduldsamer die Streitenden wurden, um so mehr fühlte er sich davon abgestoßen und suchte zu vermitteln. Er endete als der geschlagene Liberale. Kann es je anders sein? Das ist genau das Problem unserer Zeit.

«Erasmus of Christendom». 1969

Bibliographie

Dieses Literaturverzeichnis erhebt keinen Anspruch auf Vollständigkeit, sondern vermerkt lediglich die zur Zeit für die Beurteilung des Erasmus wichtigen Werke.

In das Verzeichnis der «Kritischen Ausgaben und Übersetzungen» wurden ausschließlich die für die Darstellung benutzten Ausgaben und Übersetzungen (ins Deutsche) aufgenommen. Über weitere Ausgaben und Übersetzungen s. JEAN-CLAUDE MARGOLIN (1. Bibliographien)

Die Übersetzungen sind, soweit nicht anders vermerkt, Übersetzungen des Autors. Das gilt durchweg für alle Stellen, für die eine lateinische Ausgabe im Anmerkungsteil angegeben ist. Für die Briefe wurde gelegentlich die sehr verdienstliche Übersetzung von Walther Köhler (Briefe, verdeutscht und hg. von Walther Köhler, Leipzig 1938, erweiterte Neuausgabe von Andreas Flitner, Bremen o. J.) herangezogen.

1. Bibliographien

VAN DER HAEGHEN: Bibliotheca Erasmiana. 1893

ROERSCH, ALPHONSE, VICTOR TOURNEUR und AUGUSTE VINCENT: Bibliotheca Erasmiana. Brüssel 1936

MARGOLIN, JEAN-CLAUDE: Douze annéses de Bibliographie Érasmienne (1950–1961). Paris 1963
    Quatorze années de Bibliographie Érasmienne (1936–1949). Paris 1969.

SCHOTTENLOHER, KARL: Bibliographie zur deutschen Geschichte im Zeitalter der Glaubensspaltung. Leipzig 1938–1960

Adagia. The Adages of Erasmus. A study with translations by MARGARET PHIL-
LIPS-MANN. Cambridge 1964
  Erasmus on his times, a shortened version of the «Adages» by MARGARET PHIL-
  LIPS-MANN. Cambridge 1980
  Ausgewählte Adagia, lat. und deutsch, mit Einleitung und Anmerkungen von
  ANTON J. GAIL. Stuttgart 1981
Antibarbari. In ALBERT HYMA, The youth of Erasmus. Ann Arbor 1930
Ciceronianus. Ed. CAROLUS SCHÖNBERGER. Augsburg 1919 [EC Schö]
Colloquia. Übers. von HANS TROG. Jena 1907
  Übers. von HUBERT SCHIEL. Köln 1947
  Übers. von ANTON GAIL. In: Erasmus. Auswahl. Düsseldorf 1948 [EA G]
De Libero Arbitrio. Hg. von JOHANNES VON WALTER. Leipzig 1910 – Neudruck:
  1935
De Pueris Instituendis, Declamatio. Étude critique. Traduction et commentaire
  par JEAN-CLAUDE MARGOLIN. Genf 1966
Desiderii Erasmi Roterodami Opera Omnia, neue kritische Gesamtausgabe. Am-
  sterdam 1969 f
Enchiridion, Paraclesis, Ratio sive methodus. Hg. von HAJO und ANNEMARIE
  HOLBORN. In: Erasmus. Ausgewählte Werke. München 1933 [EA H]
Enchiridion. Übers. von HUBERT SCHIEL. Olten–Freiburg i. B. 1952
Enchiridion oder handbüchlin. Übers. von WERNER WELZIG. Graz–Köln 1961
  [EE W]
Encomium Moriae. Lob der Torheit. Übers. von ANTON J. GAIL. Stuttgart 1964
  [EL G]
Erasmi Epistolae. Ed. P. S. und H. M. ALLEN. 12 Bde. Oxford 1906–1958 [EE]
Erasmus. The Collected Works of Erasmus. Toronto–Buffalo 1974 f
Erasmus von Rotterdam. Ausgewählte Schriften. Hg. von WERNER WELZIG.
  8 Bd. Darmstadt 1967
Institutio principis christiani. Hg. und übers. von ANTON J. GAIL. Paderborn 1968
  [Zweisprachige Ausgabe mit dem Text der Ausgabe «Lugduni Batavorum» und
  den Varianten der Erstausgabe.]
Opera. Desiderii Erasmi Roterodami Opera omnia et auctiora. Ed. J. CLERICUS.
  11 Bde. Lugduni Batavorum 1703–1706 – Nachdruck: London–Hildesheim
  1962 [LB]
[Pädagogische Schriften:] Erasmus von Rotterdam. Ausgewählte pädagogische
  Schriften. Hg. von ANTON J. GAIL. Paderborn 1963. [Enthält die «Declamatio
  de pueris instituendis» und die «Ratio studiorum» in der Übersetzung von
  DIETRICH REICHLING (Ausgewählte pädagogische Schriften des Desiderius
  Erasmus. Freiburg i. B. 1896) sowie einige ausgewählte Briefe in der Übersetzung von WALTHER KÖHLER (aus: «Erasmus von Rotterdam. Briefe» Hg. und
  übers. von WALTHER KÖHLER. Leipzig 1936 – Neudruck: Wiesbaden 1947),
  andere Briefe sowie zwei Colloquia, einen Ausschnitt aus dem «Ciceronianus»
  und «De civilitate morum puerilium» in der Übersetzung des Hg.] [EP G]
Querela Pacis. Die Klage des Friedens. Übers. von ARTHUR VON ARX. Basel 1945
  [EK A]

Auer, Alfons: Die vollkommene Frömmigkeit des Christen nach dem Enchiridion militis Christiani des Erasmus von Rotterdam. Düsseldorf 1954

Augustijn, Cornelius: Érasme en de Reformatie. Paris 1962
Die religiöse Gedankenwelt des Erasmus und sein Einfluß in den nördlichen Niederlanden. In: Rheinische Vierteljahrblätter 28 (1963), S. 219–230
Het probleem van de Initia Erasmi. Nijmwegen 1969 (= Bijdragen 30/4, S. 380–395)

Bainton, Roland H.: Erasmus of Christendom. New York 1969 – Dt.: Erasmus, Reformer zwischen den Fronten. Göttingen 1972

Bataillon, Marcel: Érasme en Espagne. Paris 1936 – 2. erw. Aufl.: Erasmo y España. Buenos Aires 1950
Études sur le Portugal aux temps de l'Humanisme. Paris 1952

Bierlaire, Franz: La familia d'Érasme. Paris 1968
Érasme et ses colloques. Genf 1977

Bittenholz, Peter G.: History and biography in the work of Erasmus of Rotterdam. Genf 1966

Blom, N. van der: Die letzten Worte des Erasmus. In: Basler Zeitschrift für Geschichte und Altertumskunde 65 (1965), S. 195–214

Chambers, R. W.: Thomas Morus. München 1947

Colloquia Erasmiana Turonensia. Vol. I/II. Toronto 1972

Colloquium Erasmianum. Actes du Colloque International. Mons 1968

Étienne, Jacques: Spiritualisme érasmien et théologiens louvanistes. Löwen 1956

Flitner, Andreas: Erasmus im Urteil seiner Nachwelt. Tübingen 1952

Fricke, Dietmar: Die französischen Fassungen der Institutio principis christiani des Erasmus von Rotterdam. Genf–Paris 1967

Gail, Anton: Erasmus von Rotterdam und die «Tragödie Luthers». In: Besinnung 2 (1947), S. 44–52
Erasmus. In: Erasmus. Auswahl. Düsseldorf 1948. S. 11–148
Johann von Vlatten. In: Düsseldorfer Jahrbuch 45 (1951), S. 1–109

Gail, Anton J.: Erasmiana. Rund um die Gedenkfeiern. In: Theologische Revue 65 (1969), S. 440–448

Gedenkschrift zum 400. Todestag des Erasmus von Rotterdam. Basel 1936

Geldner, Ferdinand: Die Staatsauffassung und Fürstenlehre des Erasmus von Rotterdam. Leipzig 1930

Gutmann, Elsbeth: Die Colloquia Familiaria des Erasmus von Rotterdam. Basel–Stuttgart 1968

Heer, Friedrich: Die dritte Kraft. Der europäische Humanismus zwischen den Fronten des konfessionellen Zeitalters. Frankfurt a. M. 1959

Huizinga, Johan: Erasmus. Basel 1936
Erasmus über Vaterland und Nationen. In: Gedenkschrift zum 400. Todestag ... Basel 1936. S. 34–49
Gedenkrede am 24. Oktober 1936 im Baseler Münster. In: Parerga 1945
Burgund. Tübingen o. J.

Hyma, Albert: The youth of Erasmus. Ann Arbor 1930

Iongh, Adriana Wilhelmina de: Erasmus denkbeelden over staat en regeering. Amsterdam 1928

JACOBS, HANS HAIMAR: Studien zur Geschichte des Vaterlandgedankens in Renaissance und Reformation. In: Welt als Geschichte XII (1952), S. 95–99

JOACHIMSEN, PAUL: Die Reformation als Epoche der deutschen Geschichte. München 1951

KAEGI, WERNER: Hutten und Erasmus. In: Historische Vierteljahrschrift 22 (1924/25), S. 200–278, 461–514

Erasmica. In: Schweizerische Zeitschrift für Geschichte 7 (1957)

KALKOFF, PAUL: Die Anfänge der Gegenreformation in den Niederlanden. In: Schriften des Vereins für Reformationsgeschichte 79 (1903), 81 (1904)

Die Vermittlungspolitik des Erasmus. In: Archiv für Reformationsgeschichte I (1903/04), S. 1–83

Erasmus, Luther und Friedrich der Weise. In: Schriften des Vereins für Reformationsgeschichte 132 (1919)

Katalog der Ausstellung zur Fünfhundert-Jahrfeier «Erasmus en zijn tijd». 2 Bde. Rotterdam 1969

KISCH, GUIDO: Erasmus und die Jurisprudenz seiner Zeit. Basel 1960

KOERBER, EBERHARD VON: Die Staatstheorie des Erasmus von Rotterdam. Berlin 1967

KOHLS, ERNST WILHELM: Die Theologie des Erasmus. Basel 1966

Die theologische Lebensaufgabe des Erasmus und die oberrheinischen Reformatoren. Stuttgart 1969 (= Arbeiten zur Theologie. 1/39)

KÖNNECKER, BARBARA: Wesen und Wandlung der Narrenidee im Zeitalter des Humanismus. Brant – Murner – Erasmus. Wiesbaden 1966

KRODEL, GOTTFRIED: Die Abendmahlslehre des Erasmus von Rotterdam. [Diss.] Erlangen 1955

KRODEL, GOTTFRIED G.: Fragen an ein katholisches Erasmus-Verständnis. In: Theologische Literatur-Zeitung 10 (1962), S. 734 f

LECLER, JOSEPH: Histoire de la tolérance au siècle de la réforme. 2 Bde. Aubier 1954

MAJOR, EMIL: Erasmus von Rotterdam. Basel 1926

Das Wahrzeichen des Erasmus. In: Historisches Museum Basel. Jahresberichte und Rechnungen 1935. S. 37–43

MANSFIELD, BRUCE E.: Phoenix of his age. Interpretation of Erasmus 1550–1750. Toronto 1979

MARGOLIN, JEAN-CLAUDE: Érasme par lui-même. Paris 1965

Érasme et la musique. Paris 1965

L'Idée de nature dans la pensée d'Érasme. Basel 1967

Érasme et le verbe. De la rhétorique à l'herméneutique. In: Érasme, l'Alsace et son temps. Straßburg 1971. S. 87–110

MAURER, WILHELM: Das Verhältnis des Staates zur Kirche nach humanistischer Anschauung vornehmlich bei Erasmus. Gießen 1930 (= Aus der Welt der Religion. Problemgeschichte Reihe. 1)

MEISSINGER, KARL AUGUST: Erasmus. Berlin 1948

Erasmus und die öffentliche Meinung. Bad Wörishofen 1948

MESTWERDT, PAUL: Die Anfänge des Erasmus. Leipzig 1917

MORUS, THOMAS: Utopia. (Übers. von Hubert Schiel.)Köln 1947

MÜLLER, GREGOR: Bildung und Erziehung im Humanismus der italienischen Renaissance. Wiesbaden 1969

MURRAY, R. H.: Erasmus and Luther. London 1920

Newald, Richard: Erasmus Roterodamus. Freiburg i. B. 1947

Probleme und Gestalten des deutschen Humanismus. Berlin 1963

Padberg, Rudolf: Erasmus als Katechet. Freiburg i. B. 1956

Glaubenstheologie und Glaubensverkündigung bei Erasmus von Rotterdam. In: Verkündigung und Glaube. Freiburg i. B. S. 58–75

Personaler Humanismus. Das Bildungsverständnis des Erasmus von Rotterdam. Paderborn 1964

Humanismus und Erziehung. In: Pädagogische Rundschau 18 (1964), S. 1134 f

Pfeiffer, Rudolf: Humanitas Erasmiana. Leipzig 1931

Die Einheit im geistigen Werk des Erasmus. In: Deutsche Vierteljahresschrift für Literatur und Geisteswissenschaft 15 (1937), S. 473–487

Erasmus und die Einheit der klassischen und der christlichen Renaissance. In: Historische Jahrbücher 74 (1955), S. 175–188

Phillips-Mann, Margaret: Erasmus and the northern renaissance. London 1949 The «Adages» of Erasmus. A study with translations. Cambridge 1964

Post, R. R.: De moderne devotie. Amsterdam 1940

Quelques précisions sur l'année de la naissance d'Érasme. In: Bibliothèque d'Humanisme et Renaissance XXIV (1964), S. 489–509

Rassow, Peter: Die politische Welt Karls V. München 1942

Raumer, Kurt von: Ewiger Friede. Freiburg i. B.–München 1953

Reedijk, Cornelis: Poems of Desiderius Erasmus. Leiden 1956

Das Lebensende des Erasmus. In: Basler Zeitschrift für Geschichte und Altertumskunde 57 (1958), S. 23–66

Renaudet, Augustin: Préréforme et humanisme à Paris (1494–1517). Paris 1953 Érasme et l'Italie. Genf 1954

Ritter, Gerhard: Erasmus und der deutsche Humanistenkreis am Oberrhein. Freiburg i. B. 1937

Rogge, Joachim: Zwingli und Erasmus. In: Arbeiten zur Theologie XI (1962)

Rotterdam, Katalog zur Ausstellung «Erasmus en sijn tijd». 2 Bde. 1969

Schätti, Karl: Erasmus von Rotterdam und die römische Kurie. Basel 1954

Schneider, Elisabeth: Das Bild der Frau im Werk des Erasmus von Rotterdam. Basel 1955

Schlottenloher, Otto H.: Erasmus im Ringen um die humanistische Bildungsform. In: Reformationsgeschichtliche Studien 61 (1933), S. 1–106

Johann Poppenruyter und die Entstehung des Enchiridion. In: Archiv für Reformationsgeschichte 45 (1954), S. 109–116

Scrinium Erasmianum, ed. J. Coppens. 2 Bde. Leiden 1969

Seebohm, F.: Oxford reformers. London 1887

Smith, Preserved: Keys to the Colloquies. In: Harvard Theological Studies 13 (1927)

Sowards, J. K.: Erasmus and the apologetic textbook. A study of the «De duplici copia verborum ac rerum». In: Studies in Philology 55 (1958)

Thompson, Craig: Erasmus as internationalist and cosmopolitan. In: Archiv für Reformationsgeschichte 46 (1955), S. 167–195

Thomson, J. A. K.: Erasmus in England. In: Bibliothek Warburg. Vorträge 1930/31, S. 64–82

Toffanin, G.: Geschichte des Humanismus. Amsterdam 1941

Treinen, Hans: Studien zur Idee der Gemeinschaft bei Erasmus von Rotterdam. Saarlouis 1955

Treu, Erwin: Die Bildnisse des Erasmus von Rotterdam. Basel 1959
Vallese, Giulio: Studi da Dante ad Erasmo di letteratura umanistica. 3. Aufl. Neapel 1966
Vocht, Henri de: Jerom de Busleyden. In: Monumenta Humanistica Lovaniensia 9 (1950)
  Collegium Trilingue Lovaniense. In: Monumenta Humanistica Lovaniensia 10 (1951), 11 (1953), 12 (1954), 13 (1955)
Woodward, William Harrison: Desiderius Erasmus concerning the aim and method of education. Cambridge 1904 – Nachdruck: New York 1964
Zweig, Stefan: Triumph und Tragik des Erasmus von Rotterdam. Wien 1935

Über den Autor

Anton J. Gail, Dr. phil., em. o. Professor der Erziehungswissenschaftlichen Fakultät der Universität zu Köln, studierte an den Universitäten Königsberg, Berlin und Köln Geschichte, Latein, Deutsch und Pädagogik. Er war 1934 bis 1959 im Schuldienst mit fünfjähriger Unterbrechung durch Kriegsdienst. 1959 übernahm er einen Lehrstuhl für allgemeine Pädagogik an der damaligen Pädagogischen Akademie Köln. Seine Forschungen galten vor allem der Bildungsgeschichte, insbesondere der Wirkungsgeschichte des Humanismus. Biographie und Werkauslegung des Erasmus von Rotterdam sind der bevorzugte Gegenstand dieser Studien, denen zahlreiche eigene Übersetzungen zugrunde liegen. Die Ergebnisse seiner Untersuchungen wurden von der internationalen Erasmus- und Reformationsforschung als wichtige Erkenntnisfortschritte gewürdigt. (Erasmus. Ausgewählte Schriften, Übers. u. eingeleitet von Anton Gail, Düsseldorf 1948; Ausgewählte Pädagogische Schriften, hg. , teilweise neu übersetzt und mit einem Nachwort von Anton J. Gail, Paderborn 1963; Das Lob der Torheit, übersetzt mit Anmerkungen und Nachwort von Anton J. Gail, Stuttgart 1964; Institutio principis christiani/Fürstenerziehung, zweisprachige Ausgabe mit Einleitung, textkritischem Apparat und Anmerkungen von Anton J. Gail, Paderborn 1968; Ausgewählte Adagia, zweisprachige Ausgabe, übersetzt, mit Einleitung und Anmerkungen von Anton J. Gail, Stuttgart 1981).

Namenregister

Die kursiv gesetzten Zahlen bezeichnen die Abbildungen

Quellennachweis der Abbildungen